EBS 강사가 추천하는
그래핀 반도체 인기학과 진로코칭

EBS 강사가 추천하는
그래핀 반도체 인기학과 진로코칭

펴낸날 2022년 4월 10일 1판 1쇄

지은이 정유희·안계정·최규운
펴낸이 김영선
책임교정 이교숙
교정·교열 정아영, 이라야
경영지원 최은정
디자인 박유진·현애정
마케팅 신용천

펴낸곳 (주)다빈치하우스-미디어숲
주소 경기도 고양시 일산서구 고양대로632번길 60, 207호
전화 (02) 323-7234
팩스 (02) 323-0253
홈페이지 www.mfbook.co.kr
이메일 dhhard@naver.com (원고투고)
출판등록번호 제 2-2767호

값 16,800원
ISBN 979-11-5874-146-4 (44370)

EBS 강사가
추천하는

그래핀
반도체
인기학과 진로코칭

정유희·안계정·최규운 지음

미디어숲

추천사

　이 시대는 대학의 중요성보다 본인의 진로에 맞는 학과의 선택이 필요합니다. 그러기 위해서는 자신이 진학한 학과에 대한 탐색이 필요합니다. 최근 학생들은 전망이 밝은 직업군에도 관심이 많습니다. 하지만 학생들이 생각하고 원하는 학과나 직업이 아직까지도 한정적이라는 부분은 항상 안타깝습니다. 이 책은 반도체 관련 최근 동향과 앞으로의 비전을 보여주고 있습니다. 미래를 위해 지금 어떤 것을 공부하고 준비해야 하는지 잘 설명되어 있습니다. 이 책을 잘 활용하여 본인에게 맞는 학과를 선택한다면, 대학에서 학문의 즐거움과 취업까지도 누릴 수 있으리라 생각합니다.

경상국립대 물리학과 정완상 교수

　『진로 로드맵 시리즈』는 이미 시장에서 입시 전문가들과 학부모들이 찾아보는 필독서가 되었다. 이번에 출간하는 『EBS 강사가 추천하는 그래핀 반도체 인기학과 진로코칭』은 최근 학생들의 선호도가 높은 반도체 분야에서 시스템 반도체와 반도체 패키징에 대한 세부적인 내용까지 탐색할 수 있다. 학과뿐만 아니라 취업 후 진로까지에 대한 세부 로드맵이 담겨 있다. 이 분야를 지원하거나 관심 있는 학생들과 학부모 그리고 컨설턴트들에게는 꼭 추천할 만한 책이다.

서정대, 한국전문대학교육협의회 국제협력실장 조훈 교수

전공과 계열을 찾아가는 가이드북이 있으면 시간과 공간이 절약됩니다. 적성과 흥미를 기반으로 하여 진로를 탐색하는 데 도움이 되는 정보는 독자들에게는 기쁜 소식입니다. 반도체 학과를 가는 길뿐만 아니라 전자공학, 신소재공학이 반도체와 어떻게 연계되는지 확인할 수 있습니다. 세부적인 내용으로 학과 관련 탐구활동도 할 수 있습니다. 진로를 고민하는 청소년들에게 적극 추천합니다.

호서대, 한국진로진학연구원장 정남환 교수

평소 많은 학생이 관심을 가지고는 있지만 잘 알지 못했던 분야인 반도체산업에 대한 소개와 최신 반도체산업의 동향까지 잘 나타낸 책이 드디어 출판되었다. 반도체 공학의 이해를 돕기 위해 그림 자료와 함께 반도체 개념을 소개하고 시스템 반도체, 반도체 패키징 기술의 중요성까지 소개하여 이 책 한 권을 통해 반도체산업의 흐름을 파악하는데 도움이 될 것이다. 자신의 진로를 구체적으로 설정할 수 있을 뿐만 아니라 스스로 활동을 통해 탐구로 이어나갈 수 있도록 도움을 줄 것이다.

영남고 진로교육부장 김두용 교사

이 책은 4차 산업혁명에서 매우 중요한 반도체의 길라잡이로 학생들에게는 가이드의 역할을 하여 꿈을 이루도록 하는데 지침서의 역할을 할 것으로 봅니다. 상담을 하다보면 반도체 분야에 진로를 희망하여 학생부종합전형을 준비하는 학생들이 많습니다. 하지만 반도체 분야가 어떻게 발전되고 있는지, 연구분야는 어떤 것들이 있는지, 어떤 내용을 자신의 학생부와 연결시켜야 하는지 등 다양한 배경지식이 없어 힘들어합니다. 그런 학생들에게 이 책이 징검다리가 되어 학생의 꿈에 한발 더 다가갈 수 있었으면 합니다.

오내학교 회장, 진로진학부장 정동완 교사

반도체 신설학과가 생길 정도로 반도체 산업 인재가 많이 필요하다는 것을 알고 있습니다. 그런데 학교에서 어떤 것을 준비해야 하는지 교사, 학생 모두 힘들어하고 있는 실정입니다. 또한 코로나로 인해 가속화된 과학의 발달 역시 따라잡기 버거웠던 것도 사실입니다. 하지만 이 책을 보니 조금 안심이 됩니다. 목차만 봐도 책의 깊이와 폭을 한 눈에 알 수 있을 만큼 양질의 정보를 담고 있습니다. 좋은 책 출간해주셔서 감사합니다.

거창고 진로진학부장 손평화 교사

최근 학교 현장에서 학생들을 마주하다보면 반도체에 대한 관심이 깊어지고 있다는 것을 알 수 있습니다. 이 책을 통해 현재 기업들의 반도체 신기술 및 산업에 대한 기초적인 개념과 관련 진로를 확인해 볼 수 있습니다. 2022년 개정 교육과정 속에서 반도체 학과에 관심이 있는 중·고등학생들이 어떻게 대비해야 할지 그 방법과 방향성을 제시합니다.

서울 광성고 생물담당 장동훈 교사

21세기 차세대기술로 각광받고 있는 반도체 기술과 관련된 산업의 현황 및 최근 이슈를 자세하게 제시한 내용이 인상적입니다. 막연히 반도체 관련 진로에 대한 생각만 하고 있었던 학생들에게 이 책을 전해준다면 구체적인 진로로드맵을 세울 수 있을 것입니다. 또한 관련된 학과를 진학하기 위한 자세한 진로진학에 대한 정보까지 담고 있습니다. 만약 반도체산업과 관련된 진로를 꿈꾼다면 이 책을 꼭 읽어봐야 할 책으로 추천합니다.

안산 광덕고 수학담당 김홍겸 교사

학교 현장에서 수업 시간을 통하여 학생들의 반도체산업에 대하여 설명해주면서 그 중요성을 알려주는 데에 어려움이 많습니다. 이 책은 미래의 반도체산업에 대하여 길라잡이 역할을 해주면서 용어사전까지 겸비해, 기본 개념을 익힌 후, 시스템반도체, 통신, 전자, 패키징 분야에 이르기까지 미래 발전방향까지 상세히 안내해주고 있습니다. 일반 고등학교 학생들뿐만 아니라 특성화고등학교 학생들의 진학과 진로를 결정할 때에도 유용하게 활용될 수 있는 도서가 될 것이라 될 것으로 기대합니다.

서귀포산업과학고 발명과학부장 서영표 교사

『EBS 강사가 추천하는 인기학과 진로코칭 시리즈』는 기존 도서와는 다르게 4차 산업혁명을 주도하는 분야의 최신 경향 및 관련 산업 분야의 기술 동향 흐름을 빠짐없이 제공하고 있습니다. 따라서 중·고등학생 및 학부모, 특히 현장에서 진로진학 컨설팅을 하는 현업종사자분들에게 상담에 필요한 메뉴얼의 역할을 톡톡히 해낼 것입니다. 학생들의 관심 분야에 관련된 국내외 최신정보와 해설, 새롭게 바뀐 고교 교육과정과 각 분야의 대학학과 정보를 함께 제공하고 있습니다. 특히, 학부모님들이 교과서만으로 충족하기 힘든 다양한 학습자료와 탐구주제들을 동시에 만족시킬 수 있는 참고서적으로 평가하고 싶습니다.

두각학원 입시전략연구소 전용준 소장

프롤로그

대학에서 원하는 역량을 어느 정도 준비했나요?
기업에서 요구하는 역량을 어느 정도 갖추었나요?

아직도 대학 이름이 중요하다고 생각하나요?

학생들의 인구는 점점 줄어들고 있어 모든 학생이 대학을 갈 수 있는 시대입니다. 하지만 현실을 들여다보면, 그다지 밝지 않습니다. 대학의 타이틀을 중시해서 마음에 없는 학과를 선택해 자퇴를 하고, 휴학을 하는 학생들도 무척 많다고 합니다. 그럴듯한 이름의 학과를 선택했지만 생각했던 바와는 다른 공부를 하고, 대학에서 배운 학문으로 취업을 하자니 딱히 하고 싶은 일도 없고 가고 싶은 직장도 없다고 합니다.

왜 우리는 12년간 미래를 위해 열심히 준비를 해놓고, 중요한 순간에 엉뚱한 선택을 하는 것일까요? 자신의 진로에 대해서 큰 고민도 하지 않고 현명한 도움도 받지 못해서입니다. 앞으로는 전략적으로 취업이 보장되는 학과에 관심을 가져야 합니다. 각 기업마다 지역인재전형이 늘어남에도 불구하고 지방 거점 국립대도 인원을 다 모집하지 못하고 있습니다. 이제는 단순히 대학입학을 위한 역량을 갖출 것이 아니라, 시대에 적합한 역량을 갖추고, 인공지능을 활용해 비정형화되고, 복잡한 문제를 해결할 수 있는 능력을 갖춰야 하는 시대입니다. 바로 이런 인재를 '창의융합형 인재'라고 합니다.

여기에 발맞춰 정부에서도 학생들이 배우고 싶은 과목을 스스로 선택해 공부할 수 있도록 공동교육과정을 운영하고 있습니다. 뿐만 아니라 학생 맞춤형 교육과정인 '2022 개정 교육과정'을 운영하기 위해 디지털과 인공지능 교육 학습 환경도 조성하고 있습니다. 특히, 자신의 진로와 흥미에 맞는 과목을 선택할 수 있도록 진로 선택 과목과 융합선택 과목을 개설해 미래사회에서 요구하는 인재로 성장하는 다양한 기회를 제공하고 있습니다.

이 책은 4차 산업혁명 시대에 필요한 인재들이 반드시 알아야 할 이슈와 교과목 선택 안내, 우리 주변에서 할 수 있는 탐구활동을 소개해 학생들이 관련 진로를 선택하는 데 도움을 주고자 했습니다.

『EBS 강사가 추천하는 인기학과 진로코칭』 시리즈의 특징은 점점 갈수록 진로 선택의 시기가 빨라지는 만큼 중학생들도 자신의 진로를 탐색할 수 있도록 쉽고 재미있게 집필했습니다. 또한 성적이 낮아 진로 선택에 고민이 많은 학생도 자신의 꿈을 이룰 수 있도록 다양한 진로 방법을 소개하였습니다. 특히, 특성화고, 마이스터고, 폴리텍대학 등에 진학한 학생들의 취업을 보장하며, 고액의 연봉을 받는 전문직종에 진입할 수 있는 방법도 소개합니다.

『EBS 강사가 추천하는 그래핀 반도체 인기학과 진로코칭』은 전 세계 최고의 IT 기술을 가진 대한민국의 반도체 분야에 대해 알아봅니다. 반도체 분야는 높은 취업률로 인해 인기가 많은 학과입니다. 하지만 반도체 전문가가 되기 위해 많은 학생이 진학하지만 정확한 방향성을 설정한 후 공부하는 학생은 많지 않습니다. 익숙한 분야이지만 정작 반도체 분야에서 어떤 공부를 하는지 잘 모르기 때문이죠.

이 책은 반도체 분야에서 어떤 연구들이 진행되는지, 빠르게 변화하고 있는 반도체 회사들이 살아남기 위해 연구 개발하고 있는 것은 무엇인지, 운영체제 이외의 시스템 반도체에 어떤 분야가 존재하는지 알아봅니다. 또한 반도체 설계에서 패키징까지 전 과정을 소개해, 이를 통해 학교에서 진로에 대해 어떤 것을 공부하면 좋을지 알려줍니다.

이 책은 전공에 대한 이해도와 관심을 높여 학생들의 꿈이 성적에 관계 없이 이루어질 수 있도록 다양한 정보를 실었습니다.

EBS 강사가 추천하는 약대 바이오 인기학과 진로코칭
EBS 강사가 추천하는 그래핀 반도체 인기학과 진로코칭
EBS 강사가 추천하는 배터리 에너지 인기학과 진로코칭
EBS 강사가 추천하는 PAV 모빌리티 인기학과 진로코칭
EBS 강사가 추천하는 로봇 인공지능 인기학과 진로코칭
EBS 강사가 추천하는 VR 메타버스 인기학과 진로코칭

6개의 가이드북은 학생들이 선택한 진로를 구체화하고 심층탐구 주제를 찾을 수 있도록 다양한 정보를 제공하였습니다. 따라서 학생들이 각 계열별 진로를 결정하는 데 도움을 줄 것으로 기대됩니다. 이 책을 통해 많은 학생이 어려움 없이 자신이 원하는 꿈에 이를 수 있길 바랍니다.

저자 정유희, 안계정, 최규운

차례

 PART 1 **반도체 산업의 길라잡이**

반도체 산업의
길라잡이

반도체 산업은 무엇이며
어떤 특징이 있을까?

반도체를 우리는 '산업의 쌀'에 비유하기도 합니다. TV, 스마트폰, 자동차, 컴퓨터 등 우리 생활에 필수적인 전자기기 대부분에 들어 있기 때문이지요. '반도체'(Semiconductor)는 '반'을 뜻하는 'Semi'와 '도체'를 뜻하는 'Conductor'의 합성어로 평상시에는 전기가 통하지 않지만 열을 가하거나 특정 물질을 넣으면 전기가 통하는 물체입니다. 즉, 반도체는 전기가 잘 통하는 도체와 통하지 않는 절연체의 중간적인 성질을 가지고 있어요. 오늘날 전자기기에 널리 사용되는 반도체는 열, 빛, 자기장, 전기장 등의 영향으로 그 성질이 크게 바뀌는데, 이 특징을 이용하여 다양한 용도로 활용되고 있답니다.

클라우드, 자율주행차, 스마트 공장, 스마트 시티, 인공지능을 활용한 다양한 전자기기, 전력반도체 등 4차 산업혁명과 관련된 기술에 폭넓게 활용되고 있지요. 따라서 그 수요는 지속적으로 늘고 있으므로 미래를 준비하는 청소년들은 관심을 가질 필요가 있습니다.

시스템 반도체 시장은 글로벌 반도체 시장의 50~60%를 차지할 정도로 메모리 반도체보다 약 1.5배 큰 시장이며, 수요자의 요구에 맞춰 제품이 생산되는 주문형 방식입니다. 소품종 대량 생산하는 메모리 반도체와 달리 다품종 소량 생산하는 제품으로, 그 종류만 해도 8천여 종이나 됩니다.

시스템 반도체는 컴퓨터의 중앙처리장치(CPU), 스마트폰에서 CPU 역할을 하는 애플리케이션 프로세서(AP), 자동차에 들어가 다양한 기능을 하는 차량용 반도체 등 '두뇌' 역할을 하고 있어요. 즉, 데이터 연산·제어 등 정보 처리 역할을 합니다.

자율주행, 사물인터넷, 인공지능, 클라우드, 빅데이터 등 미래 먹거리라고 할 수 있는 4차 산업 생산품의 핵심 부품에는 이 시스템 반도체가 다 들어가 있어요. 자율주행차의 이미지 센서, 스마트폰의 통신 기능 제어 칩 등이 대표적인 예입니다. 시스템 반도체는 우수 설계 인력과 기술, 고가의 설계와 검증 툴, 반도체 설계 자산(IP) 등 기술 인프라가 많이 필요한 분야입니다.

(단위 : 억 달러)

구분	2018년	2019년	2020년	2021년
미국	1,030	786	887	946
유럽	430	398	382	404
일본	360	360	344	355
아시아	2,829	2,579	2,647	2,817
계	4,688	4,123	4,260	4,523
메모리 반도체	1,580	1,064	1,224	1,361
시스템 반도체	2,353	2,289	2,286	2,369
기타	755	770	750	793

출처 : WSTS(2020.06), 기타(차량용 포함)

앞으로 반도체 산업은
어떤 변화가 있을까?

2020~2025년에 스마트폰 출하량은 연평균 3.6%, 클라우드의 데이터 센터 투자는 15.7% 증가할 것으로 예상하고 있습니다. 특히 코로나로 재택근무, 온라인 쇼핑 등 비대면 산업의 성장을 촉진했으며, 스마트 시티, 스마트 공장, 인공지능을 접목한 다양한 산업군의 발전으로 앞으로 성장 가능성은 무궁무진하답니다.

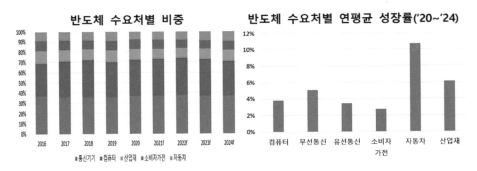

출처 : 옴디아(2021.01)

엣지 컴퓨팅 : 중앙 집중 서버가 모든 데이터를 처리하는 클라우드 컴퓨팅과 다르게 분산된 소형 서버를 통해 실시간으로 처리하는 기술을 일컫는다.

인공지능(AI) 구현은 중앙화된 클라우드에서 엣지(Edge) 컴퓨팅으로 변화시켰습니다. 중앙 클라우드 방식은 높은 컴퓨팅 파워를 요구하기 때문에 클라우드를 구현하기 위해 시스템 부하가 올 수도 있는데, 엣지 컴퓨팅으로 그 문제를 해결할 수 있게 되었지요. 실시간 서비스 제공 등을 위해 단말기 또는 단말기 인근의 엣지 서버를 통해 AI를 구현할 수 있어 이에 대한 수요는 앞으로 계속 증가할 것입니다.

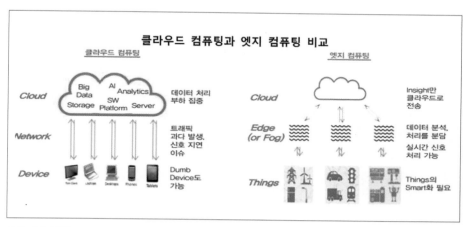

출처 : LG CNS

시스템 반도체는 메모리 반도체보다 그 종류가 다양하고 많은 비중을 차지하고 있어요. 시스템 반도체의 경우 8천여 종의 제품과 다변화된 수요로 2020년 2,665억 달러에서 2022년 2,907억 달러로 연평균 4.5% 정도 성장세를 보이고 있답니다. 특히, 회사에서 필요한 반도체를 자체 설계하고 직접 생산해주는 반도체 위탁생산(파운드리) 시장도 성장하고 있지요.

TSMC와 삼성전자는 2021~2024년에 매출의 30% 이상을 첨단 공정 파운드리 중심으로 투자할 계획이며, TSMC의 투자 규모는 2020년 177억 달러에서 2021~2023년에 1,000억 달러로 증가, 2021년 투자비는 250~280억 달러로 전년 대비 45~63% 확대하고 있습니다.

> **TSMC** : 고객 기업의 반도체 설계도를 가지고 반도체를 만들어주는 대만의 기업(파운드리, 반도체 생산공장)이다.

03

반도체 산업의 신기술

핀펫 : Fin(상어지느러미)+FET(Field Effect Transistor : 전계 효과 트랜지스터)로 기존 평판(Planar) FET에서 반도체 선폭의 미세화 공정에 따른 누설전류 등의 문제를 해결하기 위해 도입된 3차원 FET을 말한다.

게이트올어라운드(GAAFET) : FinFET의 기존 3차원 구조에 더해 전류가 흐르는 통로인 채널의 아랫면까지 모두 게이트가 감싸(Gate-All-Around) 전류 흐름을 더욱 세밀하게 제어할 수 있는 기술을 말한다.

"반도체 미세화 공정기술은 어디까지 진화할까요?"

반도체 미세화 공정기술을 주도했던 핀펫(FinFET) 기술은 지고, 게이트올어라운드(GAA) 기술이 새롭게 뜨고 있어요. 핀펫(FinFET) 기술은 전류가 흐르는 통로가 윗면-좌측면-우측면의 3면으로 이뤄지고, GAA 기술은 윗면-좌측면-우측면-아랫면의 4면으로 이뤄져서 동일한 면적에서 더 많은 정보를 저장하고 그 정보를 처리한답니다.

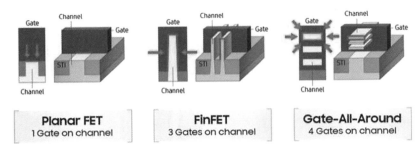

출처 : 반도체 트랜지스터 구조의 차이_삼성전자

GAA를 활용한 초미세 공정기술은 TSMC와 삼성전자의 경쟁이 더욱 치열해질 것으로 예상하고 있어요. 삼성전자는 2022년 3나노 공정부터 GAA 기술을 세계 최초로 적용할 계획을 가지고 있고, TSMC는 2023년 2나노 공정부터 이 기술을 도입할 예정이라고 발표한 상태입니다. 현재 5나노 이하 공정기술로 반도체 칩을 제조할 수 있는 기업은 세계에서 TSMC와 삼성전자밖에 없습니다.

하지만 최근 인텔의 파운드리 사업 진출, 바이든 정부의 반도체 집중투자 등을 고려하면 최첨단 반도체에 대한 기술 경쟁은 더욱 심화될 것으로 전망하고 있어요. 따라서 누가 얼마나 빨리 기술 혁신에 성공하고 강한 지식재산권으로 후발주자의 진입을 차단할 수 있느냐가 경쟁에서 우위를 점하는 지름길이 될 수 있겠죠.

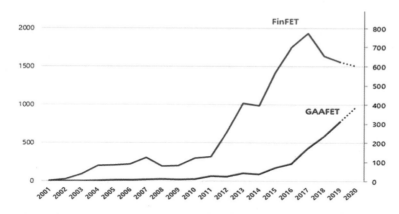

	2011	2012	2013	2014	2015	2016	2017	2018	2019	2020 (예측)*
FinFET	316	643	1019	990	1419	1746	1936	1639	1560	1508
(증감율)	6%	103%	58%	-3%	43%	23%	11%	-15%	-5%	-3%
GAAFET	27	24	43	38	70	92	173	233	313	391
(증감율)	170%	-11%	79%	-12%	84%	31%	88%	35%	34%	25%

* 2020년 출원은 특허공개기간(출원후 1년6개월)을 고려하여 선형회귀법으로 예측

출처 : FinFET과 GAAFET의 IP5 출원 동향_특허청

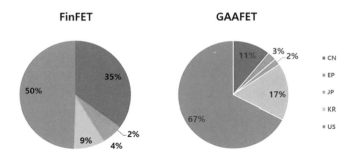

	미국	중국	한국	일본	유럽	총합계
Finfet	6832	4830	1271	518	345	13796
(비중)	49.5%	35.0%	9.2%	3.8%	2.5%	100.0%
GAAFET	869	142	221	25	33	1290
(비중)	67.4%	11.0%	17.1%	1.9%	2.6%	100.0%
합계	7701	4972	1492	543	378	15086
(비중)	51.0%	33.0%	9.9%	3.6%	2.5%	100.0%

출처 : 기술별 특허 출원 국가 동향_특허청

04

유망한 반도체 기업

① 카메라 기반 딥러닝, 테슬라 비전 솔루션

☑ 자율주행차를 만들 때 가장 중요한 건 뭘까요?

자율주행을 구현하려면 자율주행 시스템이 전방의 물체 등 주행 환경을 빠르고 정확하게 인지해야 하고, 주행 경로 등에 대해 적절하게 판단해야 효율적으로 차량을 제어할 수 있어요. 그러기 위해서는 고성능의 반도체가 꼭 필요합니다.

사람은 전방의 물체가 보행자인지, 차량인지 직관적으로 인지하고, 어떻게 될 것인지를 빠르게 예측할 수 있어요. 그리고 예상치 못했던 상황이 발생하더라도 주행 경로를 바꾸는 등 창의적으로 대응을 할 수 있지요. 하지만 컴퓨터는 이미지를 픽셀로 인식하기 때문에 전방의 물체가 다양한 모습으로 나타날 경우 이를 정확히 인지하기가 어려워요. 그래서 자율주행 시스템의 정밀도를 높이기 위해 카메라뿐만 아니라 레이다, 라이다 등 여러 개의 고성능 센서와 고해상도 지도까지 활용해 인지능력을 높이고 있답니다.

문제는 이렇게 라이다 센서와 고해상도 지도를 사용하게 되면 시스템 원가가 높아지기 때문에 기업들은

> **픽셀** : 정보·통신 주소화될 수 있는 화면의 가장 작은 단위. 작은 점의 행과 열로 이루어져 있는 화면의 작은 점 각각을 이르는 말이다.

> **라이다** : 레이저 펄스를 발사하고, 그 빛이 주위의 대상 물체에서 반사되어 돌아오는 것을 받아 물체까지의 거리 등을 측정함으로써 주변의 모습을 정밀하게 그려내는 장치이다.

27

망설이고 있습니다. 안전성 또한 매우 중요한 자동차 산업에서 0.01%의 실수가 치명적인 사고로 이어질 수 있기에 위험부담이 따르게 되지요. 특히 레벨 3 이상에서는 사고 시 책임이 자율주행 시스템 제공 업체로 넘어가기 때문에 상당수의 자율주행 업체들은 레벨 4 이상의 자율주행 서비스 출시 계획을 지연하고 있습니다.

하지만 테슬라 자율주행 시스템의 특징은 범용 센서를 사용하는 대신 딥러닝으로 시스템의 인공지능을 학습시켜 자율주행을 구현한다는 점에서 다른 기업과 차별화를 두었습니다. 테슬라 자율주행 시스템의 경우에는 8대의 카메라와 1대의 레이다로 구성되어 있으며, 최근 미국에서는 레이다도 제거해 순수하게 비전 정보만으로 자율주행을 구현하고 있습니다. 대신 비전 데이터를 다루는 인공지능의 성능 개선에 많은 투자를 하고 있답니다.

이미지를 픽셀로 이해하는 컴퓨터

출처 : 테슬라, 미래에셋증권 리서치

라이다와 고해상 지도를 사용하지 않는 테슬라 비전 솔루션

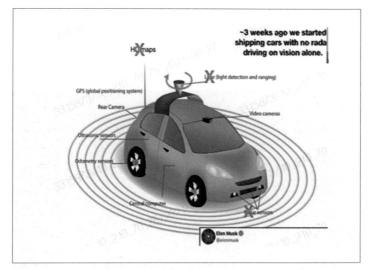

출처 : 테슬라, 미래에셋증권 리서치

테슬라는 딥러닝 기반 자율주행의 핵심이 데이터라고 보고, 모든 테슬라 차량에 8대의 카메라와 자율주행 컴퓨터를 탑재하고, 실제 도로 주행 데이터를 수집하고 있습니다. 수집된 데이터는 테슬라 본사에 있는 슈퍼컴퓨터에서 인공지능을 훈련시켜 정확도를 높이고 있지요. 특히 테슬라는 쉐도우 모드(그림자 모드)가 있어 자율주행 기능이 사용되지 않을 때에도 사용한 것처럼 데이터를 수집해 부정확한 사례가 발생하면 관련 데이터를 집중적으로 요청하여 인공지능을 훈련시키고 있답니다.

예를 들어 테슬라 차량이 터널에서 차선을 정확히 인식하지 못할 경우 본사는 테슬라 모든 차량에 유사한 상황에 대한 데이터를 요청하며, 개선된 알고리즘은 **Over the Air** 업데이트한 후, 다시 차량으로 보내

> **Over the Air(OTA)** : 무선통신으로 소프트웨어를 업데이트하는 기술을 말한다. 차량에 적용하면 정비소를 방문하지 않아도 새 기능 추가, 오류 개선, 보안 강화, 내비게이션 업데이트 등이 가능하다.

대응능력을 키우게 됩니다. 이후 데이터가 업데이트된 차량은 계속 자율주행을 하면서 다른 정보들을 수집합니다.

부정확성이 감지될 경우 유사한 데이터를 학습하는 알고리즘

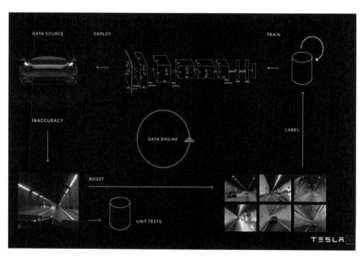

출처 : 테슬라, 미래에셋증권 리서치

SoC : 한 개의 칩에 완전 구동이 가능한 제품과 시스템이 들어 있는 것을 말한다.

② GPU 기반의 딥러닝, 엔비디아 SoC(System on Chip)

엔비디아는 자사 GPU 기반의 딥러닝으로 이미지를 인식하고 판단하는 능력을 향상시켜 개발자부터 최종 제품까지 연결하는 자율주행 생태계를 만들고 있어요. 이미지 분야 딥러닝에는 대량의 고성능 GPU가 필요한 만큼 엔비디아의 GPU솔루션은 시장에서 큰 관심을 받고 있지요.

GPU의 강점 외에도 엔비디아가 다른 경쟁사와의 가장 큰 차이점은 개방성과 토탈 솔루션으로 엔드 투 앤드(end to and) 기술을 보유하고 있다는 것이죠. 즉,

자율주행차의 개발자들이 사용하는 프로그래밍 언어부터 데이터센터, 최종 제품에 이르는 전 과정에 필요한 AI 처리를 완성차 메이커와 서플라이어(Supplier)에 제공할 수 있는 유일한 개방 플랫폼을 보유하고 있답니다.

엔비디아의 자율주행 플랫폼은 크게 하드웨어, 소프트웨어, 인프라로 구성되어 있어요. 하드웨어는 자율주행 프로세서라 말하는 임베디드 플랫폼으로 Drive CX부터 시작되어 PX를 거쳐 지금은 AGX까지 발전되었고, 2025년 출시 예정인 **Drive Atlan**을 발표하였어요. 테슬라의 경우 PX2 기반의 제품을 사용하다가 자체적인 프로세서를 채택하게 했답니다.

현재 대표적으로 사용되고 있는 DRIVE AGX의 기본 모델인 Xavier의 경우 30W의 전력으로 초당 30조의 작업을 처리할 수 있으며, 전력소모 기준 에너지 효율은 이전 세대 SoC 대비 15배나 높을 정도로 초저전력 반도체입니다. Xavier는 512코어의 볼타 GPU, 8코어로 구성된 CPU를 포함하여 총 6가지(CPU/GPU/DLA/PVA/SIP/스테레오&광학 가속기)가 포함되어 있어요. 초당 254조의 성능을 갖춘 Orin의 경우 2022년부터 생산되는 차량에 탑재될 예정이며 이미 다양한 자동차 제조업체가 채택했답니다.

엔드투앤드 : 망의 종단에서 중간 노드(교환점)를 거쳐 수단까지 전체의 신호로를 형성하여 필요한 접속 정보를 송·수 양단에서 직접 교환하는 방식. 이에 대하여 송단에서 시작하여 다음 노드까지의 구간을 확립하고, 이 노드에 필요한 정보를 전하고, 전해진 노드는 이에 대해 그다음 노드를 결정하고 이것에 전달하는, 수단에 이르는 신호법을 '링크 바이 링크' 방식이라 한다.

서플라이어 : 체인 스토어 등의 대형 소매업과 계약하고, 연속적으로 큰 거래를 하는 제조업자를 말한다.

Drive Atlan : 우리나라에서 서비스 중인 차량용 내비게이션 엔진 중 하나. 파인디지털 계열사 맵퍼스에서 만든 맵이다. 파인드라이브에서 출시되는 모든 내비게이션은 아틀란을 탑재하고 있고, 아이머큐리(부도) 일부 제품 등 타사의 엔진으로도 많이 쓰이기 때문에 인지도가 높은 편이다.

엔비디아의 자율주행용 SoC 자비에(Xavier)

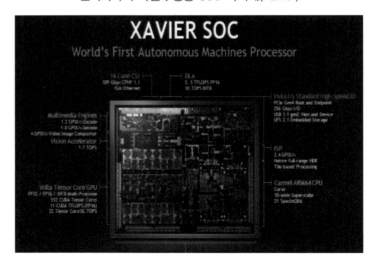

엔비디아의 자율주행용 SoC 아틀란(Atlan)

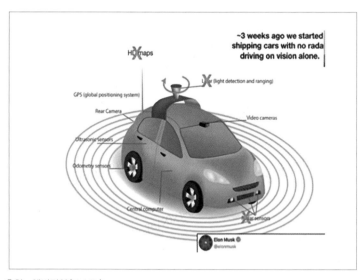

출처 : 엔비디아(Nvidia)

③ 라이다(LiDAR) 반도체

라이다(LiDAR, Light Detection and Ranging)는 고출력 펄스레이저를 이용해 레이저 빔이 물체에 반사되어 돌아오는 시간을 측정하여 거리 및 물체 정보를 확인하는 기술입니다. 레이저는 직진성이 있어 물체의 모양 및 거리 측정에도 용이하기 때문에 위성, 항공, 기상관측에 주로 사용되고 있어요. 우리에게 익숙한 속도위반 카메라가 라이다가 적용된 기술이지요.

라이다 시장은 우주탐사, 지구 지형 및 환경 관측을 위한 위성 및 항공 산업의 발전과 함께 성장하고 있어요. 라이다 센서의 기본적인 원리는 레이다와 같지만 발사하고 수신하는 대상으로 전파가 아니라 고출력의 펄스 레이저를 이용하여 거리 정보를 획득한다는 것이 달라요. 차량용 라이다의 경우는 주로 905nm 파장의 레이저 빔을 사용하는데, 퍼지지 않고 나아가는 직진성이 강해 레이다 대비 정밀한 위치 정보를 획득할 수 있답니다.

메커니즘에 따라 평면적 정보만 획득하는 2D 스캔 라이다와 공간적 정보를 획득하는 3D 스캔 라이다로 구분되며, 3D 스캔 라이다는 기술 구현이 어렵고 비싼 편입니다. 360도 3D 레이다의 경우 다수의 레이저 광원을 모터로 회전시킴으로써 주변 상황을 세밀하게 탐지하는 방식을 사용하기 때문에 성능은 훌륭하지만 가격이 비싸다는 것이 최대 단점입니다. 그래서 관련 기업들은 광원 수를 줄이고 고정형 방식을 사용하여 센서와 프로세서들을 통합한 칩으로 집적화하면서 저가로 공급할 수 있도록 연구 중입니다. 라이다의 강점이 두드러지는 부

> **집적화** : 기능의 직접 연결을 목적으로 하여 많은 구성 부품을 설계에서 제조·시험·운용에 이르기까지 각 단계별로 하나의 단위(單位) 상태로 결합하여, 기기회로 따위를 만드는 일. 반도체 기술, 막(膜) 제조 기술에 쓴다.

분은 3D 거리 정보를 획득할 수 있는 3D 스캔 라이다 기술이며, 라이다의 대표적인 업체는 과거 구글의 라이더를 담당한 벨로다인을 포함해 루미나, 웨이모, 에스오에스랩, 삼성전자, 현대모비스, 유진로봇 등이 있습니다.

벨로다인 라이다 제품

Ultra Puck

Puck

Puck LITE

Puck HI-Res

Alpha Prime

HDL-32E

HDL-64E

루미나의 하이드라

출처 : 벨로다인, 루미나

라이더는 자율주행차 분야에서는 교통안전, 무인드론, 무인 모빌리티에 주로 활용되며, 핸드폰, 보안감시, 헤드셋, 레저 등 다양한 영역에까지 사용되고 있습니다. 주변 교통상황을 알려주는 보행자 안전장치에 적용되거나 무인드론을 이용하여 선박의 입출항 정보를 지원하는 시스템에 적용되는 등 교통안전 영역과 무인드론 영역에서 라이다 기술이 많이 활용되고 있다는 것을 알 수 있어요.

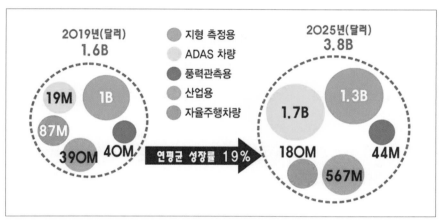

출처 : 라이다 시장 전망_전자신문

④ 인공지능 메모리 반도체

최근에 고대역폭 메모리 반도체에 '프로세싱 인 메모리(PIM)' 기술을 적용한 'HBM-PIM'을 공개했어요. 이어 D램과 모바일용으로 제품 포트폴리오를 빠르게 확장하고 있답니다.

> **고대역폭** : 작은 폼 팩터를 갖추면서 전기를 덜 사용하는 고대역을 달성한다.

PIM은 메모리 반도체와 시스템 반도체를 융합한 차세대 지능형 반도체로, 메모리 내부에서 연산 작업을 하는 반도체 기술을 말해요. 그러다 보니 PIM 반도체는 AI 기술발전에 필요한 핵심 반도체로 손꼽히고 있지요.

이미지 분류, 음성 인식, 기계번역 등 AI 시스템의 성능과 에너지 효율을 끌어올리기 위해서는 메모리 성능의 극적인 향상이 필요한데, 기존 메모리 반도체로는 한계가 있기 때문입니다.

PIM 반도체는 중앙처리장치(CPU)와 D램으로 이루어진 전통적인 컴퓨팅 방식에서 D램의 데이터를 CPU가 가져와 연산하고, 이것을 다시 D램으로 보내 저장시키는 과정을 반복하는 형식으로 데이터를 처리해요. 하지만 처리해야 할 데이터 양이 많아지면서 병목현상이 발생해 고성능, 고효율의 AI 시스템을 구축하기 어려운 한계가 있습니다. 이 단점을 보완한 PIM 반도체는 메모리 반도체와 인공지능 프로세서를 하나로 결합하여 CPU를 거치지 않고도 일부 연산을 자체 처리하게 함으로써 병목현상을 해결할 수 있습니다.

D램 모듈에 AI엔진을 탑재한 'AXDIMM(Acceleration DIMM)'과 모바일 D램과 PIM을 결합한 'LPDDR5-PIM' 기술과 HBM-PIM의 실제 시스템 적용 사례를 각각 공개했습니다. AXDIMM은 PIM 기술을 칩 단위에서 모듈 단위로 확장한 것으로, D램 모듈에 AI엔진을 장착한 제품으로 CPU와 D램 모듈 간 데이터 이동이 줄어 속도가 빨라지고 에너지 효율도 크게 높일 수 있으며, 기존 시스템 변경 없이 적용할 수 있는 장점까지 있습니다.

최근에는 초고속 데이터 분석 영역뿐만 아니라 모바일 분야까지 PIM을 확대 적용한 LPDDR5-PIM 기술도 공개했는데 시뮬레이션 결과, 음성 인식, 번역, 챗봇 등에서 2배 이상의 성능 향상과 60% 이상의 에너지 소비 감소를 확인할 수 있었습니다.

HBM-PIM을 자일링스(Xilinx)에 상용화한 결과, 기존 시스템 대비 성능은 약 2.5배 높아지고, 시스템 에너지 소모량은 60% 이상 줄었습니다. HBM-PIM은 향후 표준화 과정을 거쳐 차세대 슈퍼 컴퓨팅 및 AI용 HBM3, 온 디바이스 AI 용 모바일 메모리, 데이터센터용 D램 모듈로 제품군을 확장할 예정입니다.

최근 메타버스, 음성 인식, 기계번역, 자율주행 등 AI 산업의 응용 분야가 지속적으로 확대되면서 AI 반도체 시장은 고성장을 이어갈 것으로 전망하고 있어요. 정보통신정책연구원(KISDI)에 따르면 지난해 184억 5,000만 달러(약 21조 5,000억 원)에서 2030년 1,179억 달러(약 137조 5,000억 원)에 이를 것으로 예상하고 있습니다.

HBM-PIM 반도체

개요	데이터 저장과 연산을 동시에 처리하는 지능형 메모리 반도체 기술
효과	데이터 저장·연산 반도체 간 데이터 전달량 감소
성능(연산 속도)	기존 제품 대비 2배 이상 향상
전력 소비	기존 제품 대비 70% 이상 감소
사용처	인공지능(AI)·서버·슈퍼컴퓨터용 반도체

글로벌 AI반도체 시장 규모 전망

글로벌 인공지능(AI) 반도체 시장 규모 전망 (단위=억달러)

SAMSUNG HBM-PIM

2020년	2022년	2024년	2026년	2028년	2030년
184.5	326.1	439.2	657.3	927.2	1,179

출처 : 산업통상자원부, 매일경제

RFID : 반도체 칩이 내장된 태그, 라벨, 카드 등의 저장된 데이터를 무선주파수를 이용하여 접촉하지 않고도 인식하는 시스템을 말한다.

NFC : 약 10cm 이내의 거리에서 무선 데이터를 주고받는 통신 기술을 말한다.

⑤ 초고속 무선통신 반도체

최근 스마트폰, 태블릿PC 등의 모바일 단말용 스마트카드, IC카드, **RFID**(Radio Frequency IDentification), **NFC**(Near Field Communication) 등과 같은 비접촉식 초근접 무선전송 기술이 개발되고 있으나, 전송속도의 제한으로 보안이나 결제 등과 같은 서비스에만 적용되고 있습니다.

스마트폰의 경우 초고해상도 카메라의 기본 내장 및 스마트폰 보급에 따른 액세스 네트워크, 모바일 오피스나 스마트 오피스의 보급 등으로 모바일 단말기에 저장되는 멀티미디어 콘텐츠가 증가하고 있어요. 여기에 코로나로 인해 기업들이 재택근무를 하면서 초고속 무선통신 수요도 증가하고 있지요.

이를 위해서 현재 대부분의 WLAN 또는 WPAN 광대역 무선통신 기술은 기기 간 연결을 위해 일정한 네트워크 접속 절차가 필요하여 사용자가 원하는 순간에 직관적이고 즉각적인 서비스를 제공하는 데 어려움이 있습니다.

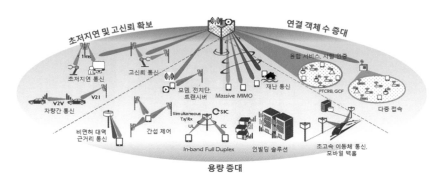

출처 : 무선통신 분야 개념도_ICT R&D 기술로드맵 2025

이 문제를 해결하기 위해 초근접 무선통신 기술인 RFID와 NFC 기술이 연구 개발되었습니다. 이에 갈수록 복잡해지는 최신 개인용 무선 멀티미디어 기기의 사용 편리성을 극대화시킬 수 있게 되었

UWB : 단거리 구간에서 낮은 전력으로 많은 데이터를 전송하기 위한 무선 기술을 말한다.

어요. 여기에 대용량 데이터 전송에 대한 요구가 추가되면서 초광대역(Ultra Wideband(**UWB**)) 기술까지 접목하고 있답니다.

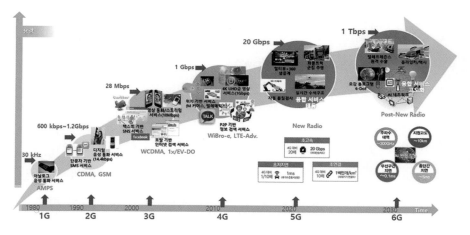

출처 : 이동통신 기술발전 전망도_ICT R&D 기술로드맵 2025

4K 이상 초고화질 영상도 손쉽게 전송할 수 있도록 10Gbps 영상 전송속도를 지원하는 무선통신 기술이 필요해지고 있습니다. 따라서 5G통신에서 6G통신으로 진화하여 초대역화, 초정밀화, 초지능화, 초공간화가 이루어질 수 있도록 연구하고 있답니다.

출처 : ICT R&D 기술로드맵 2025_정보통신기획평가원

⑥ 차세대 전력 반도체

전력 반도체는 전기를 활용하기 위해 직류·교류 변환, 전압·주파수 조정 등 전력의 변환, 변압, 분배, 제어를 수행하는 반도체를 말해요. Si(실리콘) 대비 전력 효율, 내구성이 뛰어난 SiC(실리콘카바이드), GaN(질화갈륨) 등 화합물 기반 차세대 전력 반도체가 부상하고 있습니다.

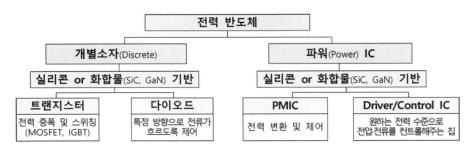

출처 : 전력 반도체 구분_정부 관계부처

전력 반도체는 AI, 5G 등 디지털 뉴딜과 전기차, 신재생에너지 등 그린뉴딜 분야에 적용되고 있습니다. 디지털 뉴딜 분야에서 전력의 제어 및 효율적 사용을 돕는 전력 반도체는 전자기기 기반의 디지털화, 전자기기의 다기능화로 그 수요가 증가하고 있지요. 그린뉴딜 분야에서 전력 효율과 고온·고압 내구성이 뛰어난 전력 반도체는 전기차 배터리, 신재생에너지 발전의 인버터 등에 적용되고 있답니다.

> **인버터** : 직류전력을 교류전력으로 변환하는 장치(역변환장치)이다.

그리고 실리콘 소재의 한계를 극복하기 위해 SiC, GaN, Ga_2O_3와 같은 화합물 소재로 전력 소자를 개발하고 있답니다.

구분	주요 내용	개발 단계
Sic (실리콘카바이드)	(특징) 고전압에서 견딜 수 있으며, 전력변환 효율 우수 (응용) 전기차, 태양광 등 신재생에너지 인버터	상용화 단계
GaN (질화갈륨)	(특징) 실리콘 공정 호환성 우수, 고속 동작, 소형화 가능 (응용) 고속충전시스템, 자동차 LiDAR, 통신 등	
Ga_2O_3 (갈륨옥사이드)	(특징) SiC, GaN 대비 고전압 동작 및 고집적화, 경량화 가능 (응용) 신재생에너지 인버터, 모터 제어 IC, 통신 등	상용화 前단계

출처 : 전력 반도체 핵심 소재 및 응용기술_정부 관계부처

⑦ 초고집적도 반도체, ASML

ASML은 **노광** 장비 시장에서 85%의 점유율을 보유 중이고 **EUV** 장비 공급을 독점하고 있는 기업이며, 서비스와 장비 업그레이드까지 담당하기에 향후 지속적으로 매출이 상승할 것이라고 예상해요.

영원한 독점 EUV 장비의 구현을 위해서는 지구에서 횃불 크기의 빛을 발사해 달 표면의 100원짜리 동

> **노광** : 사진 감광 재료를 감광시키는 것이다.

> **EUV** : 극자외선을 활용한 반도체의 노광 공정 기술로, 반도체의 초미세 공정을 가능하게 하는 기술이다. 극자외선 기술을 이용하면 성능과 생산성 향상에 큰 발전을 이룰 것으로 전망되고 있다.

전을 정확하게 비추는 정도의 정확성이 필요하며, EUV 장비용 거울들의 편평도는 거울 직경 30cm를 지구 크기로 확대했을 때, 가장 큰 Bump의 높이가 9cm 이하일 정도로 높은 정밀도를 필요로 합니다.

Wafer : IC를 제조하는 출발 원료인 실리콘 등 반도체의 얇은 판이다.

또한 **Wafer**에 도달하는 최종 EUV 광량은 2% 이하로 이에 따라 강력한 광원의 파워가 필요해요. 이러한 기술적 난이도와 진입 장벽에 따라 Canon, Nikon 등 일본 경쟁사들은 이미 EUV 시장에서 완전 도태된 상태입니다.

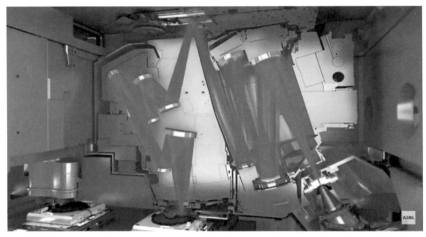

출처 : EUV 노광기 작동 원리_ASML

이러한 독점 구조에 따라 동 장비 가격은 세대를 거듭할수록 상승하여 초기 대당 1,000억 원 수준에서 현재 2,000억 원을 상회하고 있으며, 차세대 장비 가격은 3,000억 원대, 2024년 출시 버전은 4,000억 원대에 달할 것으로 예상하고 있답니다.

경쟁적 첨단 공정 투자의 최대 수혜 업체로 삼성전자, Intel, TSMC 등은 향후 EUV 장비 수급에서 유리한 위치를 차지하기 위해 **ASML** 주식을 보유하고 있어요. 그 이유는 동사의 EUV 장비 공급대수가 2017년의 10대, 2018년의 20대 수준에서 2021년과 2022년에는 45~60대까지 증가함에도 불구하고 수요에 비해 여전히 크게 부족하기 때문입니다.

비메모리 부문에서 TSMC는 향후 3년간 115조 원, 삼성전자는 향후 10년간 171조 원, Intel은 미국과 유럽에 총 133조 원을 투자할 계획이라고 합니다. 향후 10나노 미만 비메모리 부문 생산에 있어서 EUV 장비의 사용은 필수적인 것으로 점차 사용량이 늘어날 수밖에 없겠죠.

또한 최근에는 디램(DRAM) 부문에서도 초미세 캐패시터(축전기)에 충분한 양의 전하를 저장해야 하기에 초균일 원자 유전막 형성 기술로 캐패시터의 유전막을 옹스트롬(10분의 1나노, Å) 단위의 초박형 원자 물질로 균일하게 제작해야 합니다. 이때 EUV 장비가 필요한데 장비의 공급 부족으로 제대로 대응하지 못하고 있으며, 이러한 상황은 장기간 유지될 것 같습니다.

ASML : 반도체 제조용 광학 노광 공정 장치를 만드는 네덜란드 굴지의 다국적 기업이다.

디램 : 램의 한 종류로 저장된 정보가 시간에 따라 소멸되기 때문에 주기적으로 재생시켜야 하는 특징을 가지고 있다. 구조가 간단해 집적이 용이하므로 대용량 임시기억장치로 사용된다.

옹스트롬 : $1Å=10^{-10}$m로, 분자의 지름이나 액체 표면의 막의 두께 등을 측정하는 데도 사용되고 있다.

⑧ 10분 만에 설계하는 반도체

리스파이브 : 축소 명령어 집합 컴퓨터(RISC) 기반의 개방형 명령어 집합(ISA)이다.

팹리스 : 반도체 제조 공정 중 설계와 개발을 전문화한 회사를 말한다.

☑ 반도체를 라이센스 없이도 설계할 수 있나요?

한국전자통신연구원(ETRI)은 클릭 몇 번만으로도 시스템 반도체를 설계할 수 있는 설계 툴 '리스크파이브 익스프레스(RVX)'를 개발했어요. 그 결과 라이센스가 없는 **리스크파이브**(RISC-V) 기반의 설계 툴로 국내 중소 **팹리스** 업체들이 신속하게 경쟁력 있는 시스템 반도체를 개발하는 데 도움을 얻을 수 있게 되었답니다.

출처 : RVX플랫폼을 활용해 개발한 초저전력 RISC-V반도체_ETRI

☑ ARM을 기반으로 반도체를 만들 수 있는데, 어떤 차별점이 있을까요?

현재 사물인터넷(IoT)이나 웨어러블 반도체 칩의 약 90%는 ARM사의 저전력 CPU를 사용하고 있어요. ARM의 CPU를 사용하는 경우 기존 설계도를 그대로 사용해야 하기에 수정이 힘들다는 단점과 로열티 부담이 있지요. 반면 리스크 파이브는 라이센스 비용 없이 자유롭게 구조 변경 및 설계가 가능하기에 이를 활용하면 자유롭게 반도체 칩을 개발할 수 있답니다.

☑ 어떻게 10분 만에 설계가 가능한가요?

이 설계 툴은 초저전력 기술뿐만 아니라 다양한 IP와 네트워크 기술, 사용자 인터페이스 등을 모두 통합해 사용자의 목적에 맞는 클릭 몇 번으로 시스템 반도체를 설계할 수 있어요.

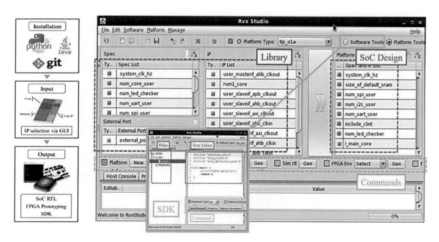

출처 : RVX 플랫폼_ETRI

45

05

반도체 클러스터를 형성하면
어떤 점이 좋은가?

"반도체 클러스터가 용인시에 선정된 이유는 무엇인가요?"

우선 수도권에 위치해 있고, 국내 반도체 경쟁력 강화를 위한 대기업, 중소기업 협력 생태계를 조성하기 용이하다는 장점이 있습니다. 또한 이천, 청주, 기흥, 화성, 평택 등 반도체기업 사업장과 연계성이 좋고, 전력, 용수, 도로 등 인프라를 구축하기에도 용이하기 때문이지요.

출처 : 한국반도체산업협회_새로운 경기, 공정한 세상

K-반도체 전략을 통해 2025년 구축을 목표로 하고 있는 용인 반도체 클러스터를 중심으로 서쪽으로는 판교와 아산, 동쪽으로 이천과 청주를 연결하는 K-반도체 벨트를 구축하겠다고 밝혔답니다.

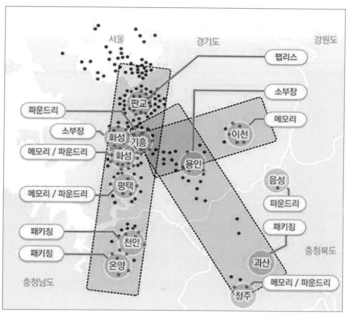

출처 : K-반도체 벨트 개념도_산업통상자원부

우리나라의 주력 분야인 메모리의 경우 초격차 유지를 위해 국내 생산기지를 최첨단 기술이 제조되는 반도체공장(Fab)으로 고도화하고, 생산능력 확대도 지속 추진하기로 했습니다. 삼성전자의 평택·화성, SK하이닉스의 이천·청주 메모리 생산기지를 최첨단 기술이 적용되는 기술 선도형 팹으로 활용할 계획입니다.

팹 : Fabrication facility의 준말로 실리콘웨이퍼 제조 공장을 의미한다. 대체로 한 회사 전체를 지칭하기보다는 개별시설을 의미한다.

반도체 생산시설 1개(FAB) 건설 시 장점은?

❶ 약 128조 원의 생산유발

❷ 47조 원의 부가가치유발

❸ 37만 명의 취업 유발 효과

❹ 2.5조 원의 조세 기여액
  *서울대 경제연구소 연구 결과(2018.9)

출처 : 새로운 경기, 공정한 세상

노광장비 : 극자외선을 이용하여 반도체를 생산하는 장비. 이 장비는 빛 파장이 13.5나노미터인 현재 반도체 양산 라인에 주로 쓰이는 불화아르곤(ArF) 액침 장비(193나노미터)보다 짧다. 웨이퍼에 더 미세하게 패턴을 새길 수 있다.

식각장비 : 화학용액이나 가스를 이용해 실리콘 웨이퍼상의 필요한 부분만을 남겨놓고 나머지 물질을 제거하는 것이다.

에칭 : 반도체 제작공정에서 포토 레지스트에 피복되어 있지 않은 산화막을 제거하는 공정을 이른다.

특히 전 세계적으로 극자외선(EUV) 노광장비 독점 공급업체인 네덜란드 회사 ASML이 화성에 트레이닝 센터와 EUV 캠퍼스를 조성하고자 약 2,400억 원을 투자해 약 300명을 채용할 예정입니다.

또한 글로벌 반도체 식각장비업체인 램리서치(Lam Research)는 용인·화성에 원자레벨 식각기술 R&D센터와 생산시설 2배 확대를 위한 제조시설인 에칭 빌리지를 구축할 예정이에요. 이처럼 반도체 클러스터에 다양한 소재, 부품, 장비업체가 같이 있어 원활하게 생산할 수 있는 토대를 만들게 되었답니다.

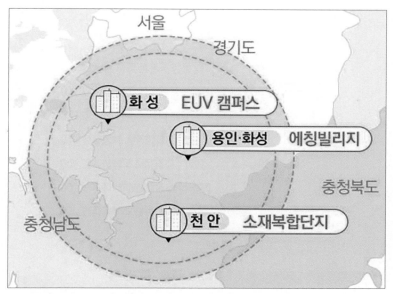

출처 : 외국투자기업 유치안_산업통상자원부

　판교에 한국형 팹리스(반도체설계회사) 밸리를 조성하여 시스템반도체 설계지원센터로부터 팹리스 창업과 성장지원의 핵심기지로 확대 개편하여 반도체 관련 산업까지 활성화하고 있답니다.

반도체
개념 사전

01

누구나 쉽게 이해할 수 있는
반도체 이야기

① HDD와 SSD의 차이점

요즘은 스마트폰으로 음악을 듣지만 예전에는 LP판, 카세트 테이프, MP3로 음악을 듣곤 했습니다. HDD는 LP판, SSD는 MP3에 비유할 수 있어요.

출처 : Samsung Semiconstory

LP판을 자세히 살펴보면 미세한 홈이 파인 것을 볼 수 있는데 이 LP판을 턴테이블에 올린 뒤 회전시키면, 바늘이 홈을 읽어 음악을 재생합니다. HDD도

동일한 원리로 자성을 띠는 원형 디스크인 플래터(Platter)와 이 플래터 위를 쉴새 없이 움직이는 헤드(Head)로 구성되어 있어요. 돌아가는 LP판의 홈을 바늘이 읽는 것처럼, HDD의 헤드는 회전하는 플래터의 데이터를 읽고 쓸 수 있답니다.

> **플래터** : 하드 디스크에서 데이터가 저장되는 원판(圓板: 원형 금속판)을 말한다. 플래터의 장당 용량은 기록 밀도가 높아질수록 커질 뿐만 아니라, 같은 용량의 데이터를 입출력하더라도 헤드가 적게 움직이므로 하드 디스크의 입출력 속도에도 영향을 미친다.

　SSD는 MP3 방식으로 이해하면 쉽습니다. 물리적인 회전을 이용했던 LP판과 달리 MP3는 디지털 방식으로 음악을 들을 수 있어요. SSD 역시 메모리 반도체를 사용하며 HDD의 물리적 한계를 넘어설 수 있게 되는 것입니다.

출처 : Samsung Semiconstory

☑ HDD와 SSD 저장 방법에는 차이점이 있을까요?
　HDD의 데이터 저장매체는 플래터(Platter)입니다. 플래터는 물리적으로 돌아가는 모터 방식이기 때문에 회전할 때 소음이 발생하여 소비전력도 높고 발열 문제가 수반된다는 특징이 있어요.

HDD는 플래터가 돌아가는 속도에 한계가 있고, 데이터를 처리하기 위해 데이터가 저장된 위치로 헤드를 옮기는 시간도 걸리기 때문에 데이터 처리 속도도 상대적으로 느리지요. 또한 충격에 의해 헤드 같은 내부 장치가 손상될 수 있어 내구성도 약해요.

SSD는 메모리 반도체(낸드플래시)로 데이터를 저장하는 방식입니다. HDD와 가장 큰 차이점은 데이터 읽기/쓰기 속도가 압도적으로 높다는 것이에요. 모터가 없으니 소음도 발생하지 않고, 소비전력과 발열도 적은 장점도 있습니다. 또한 내부에 움직이는 부품이 없기 때문에 외부 충격으로 손상될 가능성이 낮아 데이터를 안전하게 유지할 수 있답니다.

출처 : Samsung Semiconstory

② 비휘발성 메모리 '낸드플래시(NAND Flash Memory)

낸드플래시는 정보를 '0'과 '1'의 디지털 신호로 바꿔 저장해주는 메모리 반도체예요. 낸드플래시의 가장 큰 특징은 한 번 저장된 정보는 전원이 끊겨도 지워지지 않고 10년을 버틴다는 것이에요. 또한 데이터를 쓰고 지우는 데 약 20볼트의 전압이 필요하기 때문에 그보다 낮은 전압에서는 아무 영향을 받지 않아요. 그래서 전기가 끊어진 상태(0볼트)에서도 데이터가 지워지지 않는 장점이 있답니다.

낸드플래시의 종류에는 데이터를 저장하는 방식에 따라 SLC(Single Level Cell), MLC(Multi Level Cell), TLC(Triple Level Cell), QLC(Quadruple Level Cell) 이렇게 4가지 종류로 나눌 수 있습니다.

SLC(Single Level Cell)는 '싱글'이라는 이름처럼 하나의 데이터가 '1' 또는 '0'의 형태로 하나의 셀에 저장되는 방식입니다. 원룸을 혼자 사용하는 개념이기 때문에 가격은 비싸지만 데이터 처리 속도는 가장 빠릅니다.

출처 : 삼성반도체이야기

MLC(Multi Level Cell)는 혼자 살던 원룸에 칸막이를 쳐, 두 명이 거주하는 형태라고 생각하면 돼요. 하나의 셀에 '00, 01, 10, 11' 등의 형태로 2개의 데이터가 저장되며, 하나의 방을 쪼갠 만큼 SLC보다는 저렴하지만 데이터 처리 속도는 SLC 대비 느린 단점이 있습니다.

TLC(Triple Level Cell)는 한 셀에 세 개의 데이터가, QLC(Quadruple Level Cell)는 한 셀에 네 개의 데이터가 저장됩니다. 이때 TLC와 QLC는 많은 양의 데이터를 저장할 수 있지만, 한 방에 저장돼 있는 데이터가 많은 만큼 데이터 처리 속도는 SLC, MLC보다 상대적으로 느리다는 것을 알 수 있습니다.

출처 : 삼성반도체이야기

☑ 속도가 가장 빠른 SLC가 최고 성능을 가진 낸드플래시라고 할 수 있을까요?

사용자에 따라 SSD 사용 목적이 다르기 때문에 꼭 그렇지는 않습니다. SLC는 빠르지만 데이터를 한 셀에 한 개씩 저장하는 만큼 대용량화하기에는 어렵고, 비싸다는 단점이 있어요. 반면 QLC는 한 개의 데이터를 저장하던 셀을 4등분한 것이기 때문에 이론상 SLC보다는 4배 저렴합니다.

아주 고성능의 SSD를 원한다면 SLC와 MLC의 낸드플래시가 탑재된 SSD를, 많은 용량의 데이터가 저장 가능하지만 경제적인 SSD를 원한다면 TLC나 QLC의 낸드플래시가 탑재된 것을 선택하는 것이 좋습니다.

2013년, 삼성전자는 새로운 종류의 '3차원 V낸드'를 생산했습니다. '3차원 V낸드'는 평면(2차원) 위에 많은 회로를 넣는 대신 3차원 수직구조로 회로를 쌓아 올려 집적도를 높인 플래시메모리 기술이에요. 휴대전화, 디지털카메라 등의 기기에서 데이터를 저장하는 장치로 쓰입니다. 기존 2차원 평면구조의 메모리 공정이 10나노급에 달해 셀 간 간격이 좁아져 전자가 누설되는 현상이 심화되는 등 한계를 보이자, 이를 극복하기 위한 대안으로 개발되었답니다.

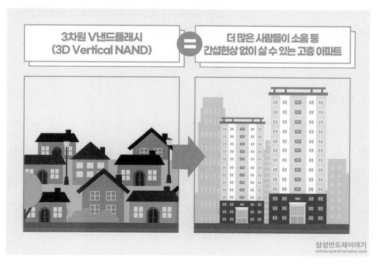

출처 : 삼성반도체이야기

57

③ 컴퓨터를 빠르게 만드는 치트키 SSD

SSD는 메모리 반도체를 저장매체로 사용하는 차세대 대용량 저장장치입니다. 우리가 생각하는 하나의 컴퓨팅 시스템으로도 볼 수 있어요. PC가 CPU, 메모리, 기억장치로 구성되어 있는 것처럼 SSD 또한 PC의 CPU와 유사한 역할을 하는 컨트롤러(Controller), 데이터 저장용 메모리인 낸드플래시(Nand Flash), 캐시 메모리 역할을 하는 D램(DRAM)으로 구성됩니다.

출처 : 삼성반도체이야기

SSD는 HDD의 한계를 뛰어넘어 압도적으로 빠른 속도와 넉넉한 저장 용량이 장점이에요. 여기에 가장 크게 기여하는 구성요소가 바로 '낸드플래시'와 '컨트롤러'입니다. 낸드플래시가 데이터 집적도를 높여 SSD의 용량을 높여주고, 컨트롤러는 데이터를 빠르게 읽고, 쓰고, 에러를 수정해 SSD의 성능을 높이기 때문이지요. 예를 들면 낸드플래시가 책을 보관하는 '서재', 컨트롤러가 책을 정리하는 '사서'라고 생각하면 쉽게 이해할 수 있어요.

출처 : 삼성반도체이야기

우리가 잘 알고 있듯이 삼성전자는 2006년부터 지금까지 14년 연속 세계 SSD 시장 점유율 1위를 기록하고 있습니다. 이는 끝없는 혁신을 통해 SSD를 구현하는 핵심 구성품의 기술을 내재화했기 때문이지요.

특히 메모리반도체를 제어하는 컨트롤러는 제품 성능을 좌우하는 중요한 구성요소이기 때문에 자체 컨트롤러 기술을 보유하지 못한 SSD 제조사들은 뛰어난 기술을 지닌 컨트롤러 업체와 협력하는 일이 많아졌습니다. 삼성전자의 경우에는 일찍이 컨트롤러 개발에 힘쓰며 기술 내재화에 성공했고, 이는 세계 SSD 시장 점유율 1위를 차지하는 데 중요한 원동력이 되었어요. 낸드플래시 분야에서 독보적인 기술력과 세계 최대 생산량 및 시장 점유율을 자랑할 뿐만 아니라, 1992년 64M D램을 세계 최초로 개발하며 메모리 반도체 D램 시장 점유율 1위 자리를 지금까지 지키고 있답니다.

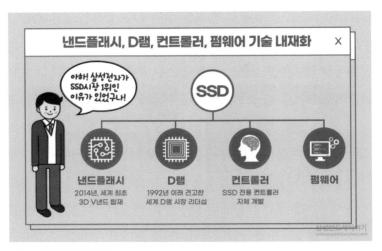

출처 : 삼성반도체이야기

2020년 9월에는 역대 최고 성능의 차세대 소비자용 SSD '980 PRO'를 출시하기도 했습니다. 전작 '970 PRO' 대비 속도를 무려 2배나 높이면서 안정성까지 갖춰 PC, 워크스테이션, 콘솔게임기에서 탁월한 성능을 원하는 전문가와 일반 소비자를 위한 최고의 제품이라는 찬사를 받기도 했답니다.

출처 : 삼성반도체이야기

☑ 좋은 SSD 고르는 방법이 있을까요?

SSD가 컴퓨터의 데이터 처리 속도를 향상시켜 준다는 사실은 알고 있죠? 이는 하나의 '컴퓨팅 시스템'을 이루고 있는 SSD의 구성요소 '컨트롤러, 낸드플래시, D램'에서 답을 찾을 수 있습니다. PC의 컴퓨팅 시스템을 구성하는 'CPU(중앙처리장치), 데이터 저장 메모리, 기억 장치'의 역할을 이들이 각각 수행하고 있기 때문이에요.

SSD가 이렇게 하나의 독자적인 컴퓨팅 시스템으로 작동하기 때문에 SSD를 장착한 컴퓨터는 두뇌 역할을 하는 손을 하나 더 가지고 있다고 생각하면 됩니다. 뇌와 손이 각각 일을 하면 속도가 더 빠른 것처럼 SSD를 사용하게 되면 컴퓨팅 시스템의 명령 없이도 즉각적으로 데이터를 처리할 수 있어 좀 더 빠른 속도로 컴퓨터를 사용할 수 있게 됩니다.

④ 반도체 공정의 핵심 소재 '포토레지스트'

포토레지스트(Photoresist)란 빛에 반응해 화학적 변화를 일으키는 감광액(感光液)의 일종입니다. 감광이란 빛을 받았을 때 물리적, 화학적 변화를 일으키는 현상을 이야기하는데 빛이 닿은 부분 또는 닿지 않은 부분만 남기기 때문에, 특정 패턴을 만들 수 있지요. 우리가 사진을 인화하는 과정 역시 이러한 감광 현상을 활용한 것이라고 생각하면 됩니다.

하지만 포토레지스트는 사진 현상 등에 쓰이는 묽은 액체 형태인 감광 재료와는 다른 특징이 있어요. 사진처럼 빛을 받은 부분과 받지 않은 부분이 단순히 음영으로 구분되는 것이 아니라 용해 또는 응고하는 변화를 일으킵니다. 이러한 특성 때문에 빛의 접촉 여부에 따라 판화처럼 구분되는 요철을 만들 수 있어요. 포토레지스트는 빛에 어떻게 반응하는지에 따라 빛을 받지 않는 부분이 남는 '양성형'과 빛을 받은 부분이 남는 '음성형'으로 나눌 수 있습니다.

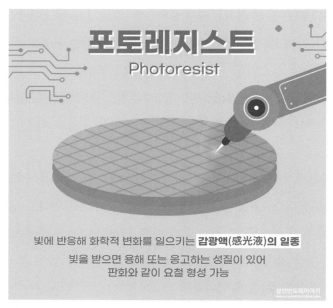

포토레지스트
Photoresist

빛에 반응해 화학적 변화를 일으키는 **감광액(感光液)의 일종**
빛을 받으면 용해 또는 응고하는 성질이 있어
판화와 같이 요철 형성 가능

삼성반도체이야기

출처 : 삼성반도체이야기

포토레지스트는 포토 공정에서 웨이퍼 위에 얇고 균일하게 도포됩니다. 마치 웨이퍼를 사진 인화지와 비슷한 상태로 만들어주는 것과 같은데, 이 위에 반도체 회로 패턴이 담긴 마스크를 놓고 그 아래에 빛을 모아주는 렌즈를 위치시킵니다. 이후 웨이퍼를 향해 빛을 쏘면, 마스크에 그려져 있던 회로 패턴이 웨이퍼에도 남게 됩니다. 포토레지스트가 있기에 미세 회로의 밑그림이 웨이퍼 위에 그려지는 것이죠.

한편, 웨이퍼에 회로 패턴이 새겨지면 남은 부분과 용해된 부분을 선택적으로 제거하는 과정을 거쳐 포토 공정이 마무리됩니다. 이렇게 새겨진 웨이퍼의 회로는 식각 공정 등을 거치며 선명해지고, 그 외에도 수많은 공정을 거쳐 반도체가 완성된답니다.

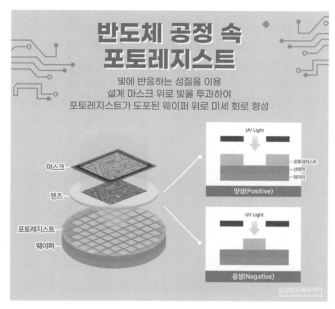

출처 : 삼성반도체이야기

⑤ 스마트폰의 두뇌 모바일 AP(Application Processor)

모바일AP(Application Processor)는 각 신체기관에 연결돼 생각하고 명령을 내리는 인간의 뇌처럼 스마트폰의 각 기능이 모바일AP에 연결되어 있습니다.

흔히 데스크톱의 중앙처리장치(CPU)와 모바일AP를 동일한 것으로 생각하기 쉬운데 모바일AP는 CPU는 물론, 그래픽, 카메라, 통신 등, 보다 다양한 기능들이 하나의 칩에 담겼다는 점에서 차이가 있습니다.

☑ 손톱만한 크기의 작은 칩인 모바일AP 하나에 다양한 기능이 담겨있어야할 이유가 있을까요?

그 이유는 바로 소비 전력 때문입니다. 컴퓨터를 사용하는 동안 전원이 계속 공급되는 데스크톱 시대에는 아무 문제가 없지만, 스마트폰으로 인터넷을 하고

출처 : 삼성반도체이야기

각종 소프트웨어를 작동하는 시대가 되면서 성능과 더불어 오랜 시간 컴퓨팅을 할 수 있는 '저전력'이 중요해졌지요.

다양한 기능들을 하나의 칩 위에 통합함으로써 전력 소모를 줄이고 제한된 스마트폰 보드에 공간을 확보해 작은 기기에서도 고성능을 구현할 수 있게 되었습니다. 실제로 삼성전자 '엑시노스 2100' 역시 복잡한 멀티태스킹 환경에 적합한 솔루션을 제공하기 위해 5G 모뎀 칩을 **모바일AP**에 통합했습니다.

모바일AP : 스마트폰이나 태블릿PC 등에 사용되는 반도체 칩셋으로 CPU와 그래픽처리장치(GPU), 모뎀, 비디오처리장치(VPU) 등이 하나에 포함된 모바일 기기의 '두뇌'에 해당한다.

모바일AP의 설계 구조는 제조사마다 조금씩 다르지만, 스마트폰의 핵심 기능은 공통적으로 들어 있어요.

출처 : 삼성반도체이야기

☑ 어떤 기능인지 '엑시노스 2100'을 기준으로 모바일AP의 주요 기능들을 살펴볼까요?

먼저, 모바일AP에도 컴퓨터의 중앙처리장치(CPU)와 동일한 역할을 수행하는 중앙처리장치(CPU, Central Processing Unit)가 있습니다. 운영체제를 실행하고 각종 어플리케이션을 실행할 뿐만 아니라 중앙에서 모든 데이터를 처리하는 등 스마트폰의 주요 기능을 담당해요.

5G 모뎀은 5G 네트워크와 LTE 등 다양한 통신 환경을 폭넓게 지원하기 때문에 프로세서 안에 모뎀 기능을 함께 넣음으로써, 따로 모뎀 칩을 사용할 때와 비교해 칩 면적을 줄이고 전력 효율을 높일 수 있어요. 그래픽처리장치(GPU, Graphics Processing Unit), 이미지 처리 장치(ISP, Image Signal Processor), 디스플레이(Display)와 멀티미디어(Multimedia) 블록들은 이미지, 영상과 관련된 역할을 수행합니다.

GPU는 3D 게임, 그래픽 사용자 인터페이스(UI, User Interface) 등의 그래픽 데이터를 처리하고, Camera 영역은 스마트폰 카메라 이미지센서에서 온 빛의 정보를 사진이나 동영상으로 만들어주는 역할을 해요. Video 블록은 영상을 인코딩 또는 디코딩하여 녹화, 압축 또는 재생하는 역할을 하며, Audio 블록은 입력, 출력되는 오디오 신호를 처리합니다. 마지막으로 Display 블록은 모바일 기기의 화면 또는 TV, 모니터 등 외부 화면에 이미지와 영상 신호를 송출하는 역할을 하지요.

한편, 모바일AP에는 인공지능 및 딥러닝에 최적화되어 있는 신경망처리장치(NPU)와 디지털신호처리장치(DSP, Digital Signal Processor)도 내재돼 있어요. 이들

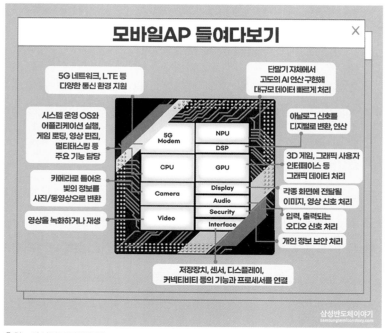

출처 : 삼성반도체이야기

은 빠르고 효율적인 온디바이스(On-device) AI를 위해 활용되는데 얼굴, 사물 인식이나 목소리 인식 등이 가능한 것도 NPU 와 DSP가 있기 때문이지요.

이 외에도 개인 정보, 보안과 관련된 데이터를 처리하는 시큐리티(Security) 블록과 저장장치, 센서, 디스플레이, 커넥티비티(와이파이) 등의 기능과 프로세서의 연결을 돕는 인터페이스(Interface) 블록 등이 모바일AP 안에 들어가 있답니다.

⑥ 비밀스런 이미지센서

모바일, 차량, 보안 시스템 등 각종 전자 기기의 눈 역할을 하는 반도체 제품이 이미지센서예요.

☑ 이미지센서 신기술 발표 기사에 눈에 띄는 숫자들이 있는데, 이 숫자들은 무엇을 뜻하는 걸까요?

메가픽셀(Megapixel, Mp)은 100만(10의 6제곱)에 해당하는 '메가(Mega)'와 화소를 의미하는 '픽셀(pixel)'이 합쳐진 것으로, '100만 화소'를 의미해요. 우리가 스마트폰 구매를 할 때 관심 있게 보는 것 중 하나랍니다. 108Mp는 1억 8백만 화소, 50Mp는 5천만 화소를 뜻하는데, 픽셀(화소)은 이미지를 구성하는 최소 단위로, 화소 수가 많으면 많을수록 정밀하고 상세한 이미지를 얻을 수 있지요. '해상도가 높다'고 표현하는 것은 여기에서 나온 것으로, 고화소일수록 고해상도의 이미지 촬영도 가능해요.

삼성전자 '아이소셀 HM3' 제품의 픽셀 크기는 0.8 마이크로미터입니다. 0.8 마이크로미터는 10만 분의 8 센티미터 또는 1000만 분의 8미터에 해당할 정도로, 눈에 보이지도 않는 엄청나게 작은 크기랍니다.

☑ 사람의 머리카락 굵기가 보통 40~70 마이크로미터 정도 된다고 하니, 0.8 마이크로미터 픽셀이 얼마나 작은지 우리가 느낄 수 있을까요?

해상도와 수광 면적(빛을 받아들이는 면적)을 결정짓는 픽셀이 같은 크기의 이미지센서라면 픽셀 크기가 작을수록 더 많은 픽셀을 담을 수 있고, 같은 크기의 이미지센서라면 픽셀이 작을수록 더 높은 해상도를 구현할 수 있어요.

같은 픽셀 숫자를 가진 이미지센서의 경우, 픽셀 크기에 따라 센서 크기가 다양해지는데, 여기서 픽셀이 크다는 것은 빛을 받아들이는 면적(수광 면적)이 넓어짐을 의미해요. 또한 수광 면적이 커지면 노이즈가 적은 고화질 이미지를 촬영할 수 있기 때문에, 해상도와 수광 면적을 모두 최적화할 수 있는 픽셀 크기의 결정이 중요하답니다.

노이즈 : 전자공학이나 기계제어 분야에서 주로 기계의 동작을 방해하는 전기신호를 말한다.

출처 : 삼성반도체이야기

이미지센서 크기를 언급할 때 보통 1/1.XX와 같이 분수로 표현된 수치를 볼 수 있어요. 이는 이미지센서의 실제 대각선 길이가 아닌 **Optical format**이라는 개념에 해당하는 빛이 맺히는 영역을 말합니다. 카메

라를 만들 때, 이미지센서를 이용해 카메라 모듈을 만들고 거기에 렌즈를 연결하는데, 카메라 외부에 있는 렌즈가 상을 맺히도록 하는 영역의 지름을 Optical format이라고 합니다.

출처 : 삼성반도체이야기

☑ **왜 Optical format은 이미지센서 대각선 길이보다 긴 것일까요?**

그 이유는 바로 비네팅(Vignetting) 현상 방지에 있답니다. 렌즈가 이미지센서를 완전히 덮지 않으면, 촬영한 이미지상에 어두운 모서리가 생기고 주변부 빛이 줄어드는 현상이 발생해요. 이 현상을 영어로 비네팅(Vignetting)이라고 말하는

비네팅 : 이미지 외곽부에 도달하는 광
량이 중심부 광량보다 적은 광학적인
현상. 렌즈가 필름과 가까울수록 이런
현상이 심하게 나타나므로 광각 렌즈
에서 비네팅이 두드러진다. 이는 렌즈
가 곡면의 이미지를 형성하기 때문에
그 외곽부에 도달하는 광량이 급격히
줄어들어 발생하는 것이다.

데 Optical format의 최소 길이를 도출하기 위해서 쓰이는 수식이 있지만, 이 값은 통상 이미지센서 대각선 길이의 약 1.5배에 해당합니다.

실제 이미지에서 6.4mm×4.8mm 센서가 1/2인치(12.7mm)라고 불리는데, 이는 해당 센서에 맞는 Optical format의 값이 이미지센서 대각선의 약 1.5배인 12mm와 유사한 수치이기 때문이지요.

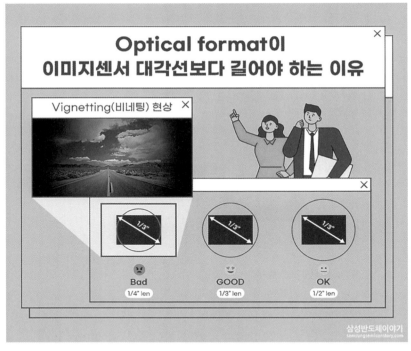

출처 : 삼성반도체이야기

⑦ 반도체가 제조되는 곳 'Fab'

반도체 만드는 곳을 우리는 '팹(Fab)'이라고 부릅니다. Fab은 제조를 뜻하는 'Fabrication'을 줄인 말로, 반도체 제조 시설을 이야기해요. 반도체 생산라인 내부는 클린룸(Clean room)으로 반도체 제조 공정에서는 아주 작은 먼지, 입자 하나라도 들어가면 반도체 품질에 영향을 줄 수 있기 때문에 외부 환경과는 다른 아주 높은 수준의 청정도를 유지해야 합니다.

공간의 청정도를 나타내는 척도는 '클래스'인데 클래스는 가로, 세로, 높이가 각 1피트(ft)인 1입방피트(ft³) 안에 0.5 마이크로미터 이상 크기의 입자 수가 얼마나 되는지를 나타냅니다. 예를 들어, 클린룸의 클래스가 1,000이라고 하면, 0.5 마이크로미터 이상 크기의 입자가 1,000개 이하인 공간이라고 할 수 있어요.

삼성전자 반도체 클린룸 내부에는 천장의 먼지를 걸러주는 고성능 필터가, 바닥에는 격자 모양의 미세한 구멍이 있어서 위에서 아래로 공기가 순환하는 구조를 통해 청정한 환경이 유지됩니다.

출처 : 삼성반도체이야기

생산 환경에 최적화된 라인 내부로 들어가기 위해서는 근무자 역시 특별한 복장인 '방진복'을 착용해야 하는데, 방진복은 먼지 등 미세한 입자들이 빠져나가지 않게 하는 기능은 물론, 반도체 집적회로에 영향을 줄 수 있는 정전기를 방지하는 기능도 갖추고 있습니다.

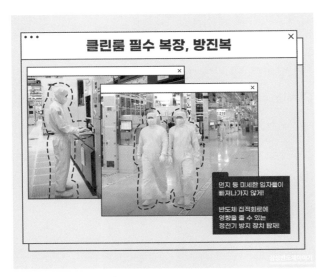

출처 : 삼성반도체이야기

반도체는 3주 이상의 기간 동안 8대 공정으로 대표되는 단계들을 수백 차례 진행하면서 만들어져요. 이 과정에서 웨이퍼가 넓은 Fab 안에 있는 다양한 설비들로 효율적으로 이동할 수 있도록 해주는 것이 FOUP(Front Opening Unified Pod/Front Opening Universal Pod)과 OHT(Overhead Hoist Transport)입니다.

FOUP는 웨이퍼를 보관하거나 안전하게 이동할 수 있게 고안된 용기로, 웨이퍼 배송 전용 상자이고, 이 상자를 필요한 곳으로 이동시켜주는 배송 차량이 바로 OHT입니다. OHT는 Fab 천장에 도로처럼 설치된 레일을 따라 웨이퍼가 담긴 FOUP를 필요한 설비로 빠르게, 자동으로 운송하는 역할을 해요.

OHT 시스템은 자율 주행 시스템과 유사한데 이동 시, 기기 간 충돌을 방지하고 장애물을 감지할 수 있는 센서가 탑재돼 있어, 위험이 발생할 경우 자동으로 감속해 안전한 이동이 가능하지요. 반도체 라인의 생산 효율성은 OHT를 통해 크게 향상시킬 수 있기 때문에 반도체에서는 중요한 역할을 합니다.

출처 : 삼성반도체이야기

⑧ 최고의 전력 효율 '저전력 반도체'

5G, 인공지능, 사물인터넷 등 기술이 급속도로 발전하고, 유튜브나 OTT 등 영상 플랫폼 사용이 일상화되면서 엄청난 양의 영상과 사진들이 '데이터센터'에 저장됩니다. 데이터를 처리, 저장하고, 소비자들에게 끊김없이 제공하기 위해서 데이터센터는 24시간 가동되어야 하며 이는 많은 양의 전력을 필요로 합니다. 또한 데이터센터 가동을 위한 전력 사용 외에도, 쉬지 않고 가동되는 데이터센터의 열기를 식히기 위한 전력도 또한 필요하겠죠.

이러한 전력 사용의 증가로 인해 지구 온난화를 야기하는 온실가스가 배출되기 때문에 데이터센터의 전력 소모를 최대한 줄이는 것이 전 세계적으로 해결해야 하는 문제로 대두되고 있어요. 데이터센터의 전력 폭증을 해결할 수 있는 방안으로 주목받고 있는 것이 바로 '저전력 반도체'입니다. 전력을 덜 소모하고 열 발생이 적어 데이터센터 전체의 전력 효율을 최적화할 수 있기 때문이지요.

출처 : 삼성반도체이야기

기존에는 데이터센터 서버에서 주로 HDD(Hard Disk Drive)를 사용했는데, 2000년대 등장한 SSD(Solid State Drive)는 HDD보다 성능은 뛰어나면서도 소비 전력과 발열이 적은 장점 때문에 HDD를 대신하는 최적의 데이터센터 솔루션으로 자리 잡고 있답니다. 하지만 인류가 만들어내는 데이터의 양은 엄청난 속도로 증가해, 2025년에 축적되는 데이터가 2018년까지 쌓인 데이터 대비 5.3배나 증가한 175ZB(제타바이트)에 달할 것으로 예상되고 있기 때문에 데이터센터 전력 효율의 중요성은 계속해서

제타바이트 : 데이터 정보량을 나타내는 단위. 10의 21제곱을 의미하는 접두어 제타(zetta)와 컴퓨터 데이터량을 표시하는 단위인 바이트(byte)의 합성어이다.

커지고 있어요. 이에 삼성전자 반도체는 SSD의 전력 효율을 최대로 끌어올리고
자 SSD가 작동할 때 불필요하게 소모되는 '잉여 전력' 요소를 찾아내고, 온도가
어떻게 변화하는지도 모니터링해 최대한 발열을 줄일 수 있는 기술도 개발하고
있답니다.

출처 : 삼성반도체이야기

2020년에 출하된 전 세계 데이터센터 서버용 HDD
를 모두 SSD로 교체한다고 가정하면, 전력량은 연
간 3TWh(테라와트시)나 절감될 수 있습니다. 여기에
2020년 출하되는 서버의 D램을 기존 DDR4에서 최
신 DDR5로 업그레이드하면, 연간 약 1TWh를 추가
로 절감할 수도 있습니다.

Wh(와트시) : 전력량의 단위. 전력량
은 전력과 시간의 곱으로 정의되므로,
전력의 단위인 와트(W)와 시간의 단
위인 시(h)를 곱한 와트시(Wh)로 표
기한다.

이처럼 저전력 반도체를 사용하면 에너지를 큰 폭으로 절약할 수 있고, 그에 따라 온실가스 배출량도 저감할 수 있습니다.

출처 : 삼성반도체이야기

반도체 8대 공정
알아보기

① 웨이퍼(Wafer) 제조

웨이퍼(Wafer)는 반도체를 만드는 토대가 되는 얇은 판이다.

☑ 반도체 집적회로(Semiconductor Integrated circuit)와 웨이퍼는 어떤 관계일까요?

반도체 집적회로란, 다양한 기능을 처리하고 저장하기 위해 많은 소자를 하나의 칩 안에 집적한 전자부품을 말해요. 웨이퍼라는 얇은 기판 위에 다수의 동일 회로를 이용해 반도체 집적회로가 만들어지는 만큼 웨이퍼는 반도체의 기반이 됩니다. 이것은 피자를 만들 때 토핑을 올리기 전, 도우를 만드는 것과 비슷하다고 보면 돼요.

웨이퍼는 실리콘(Si), 갈륨 아세나이드(GaAs) 등을 성장시켜 만든 단결정 기둥을 적당한 두께로 얇게 썬 원판으로 대부분의 웨이퍼는 모래에서 추출한 규소, 즉 실리콘으로 만듭니다.

실리콘은 지구상에 풍부하게 존재하고 있어 안정적인 재료 수급이 가능하고, 독성이 없어 환경적으로도 우수하다는 장점을 가지고 있어요.

[웨이퍼 제조 공정]

1단계. 잉곳(Ingot) 만들기

모래에서 추출한 실리콘을 반도체 재료로 사용하기 위해서는 순도를 높이는 정제 과정이 필요해요. 이때 실리콘 원료를 뜨거운 열로 녹여 고순도의 실리콘 용액을 만들고 이것을 결정 성장시켜 굳히는 과정을 거치는데 이렇게 만들어진 실리콘 기둥을 잉곳(Ingot)이라고 합니다. 수 나노미터(nm)의 미세한 공정을 다루는 반도체용 잉곳은 실리콘 잉곳 중에서도 초고순도의 잉곳을 사용하지요.

2단계. 얇은 웨이퍼를 만들기 위해 잉곳 절단하기(Wafer Slicing)

둥근 팽이 모양의 잉곳을 원판형의 웨이퍼로 만들기 위해서는 다이아몬드 톱을 이용해 균일한 두께로 얇게 써는 작업이 필요해요. 잉곳의 지름이 웨이퍼의 크기를 결정해 150mm(6인치), 200mm(8인치), 300mm(12인치) 등의 웨이퍼를 만들 수 있어요. 웨이퍼 두께가 얇을수록 제조원가가 줄어들며, 지름이 클수록 한 번에 생산할 수 있는 반도체 칩 수가 증가하기 때문에 최근에는 웨이퍼의 두께와 크기는 점차 얇고 커지는 추세랍니다.

3단계. 웨이퍼 표면 연마(Lapping&Polishing)하기

절단된 웨이퍼는 가공을 거쳐 거울처럼 매끄럽게 만들어야 해요. 그 이유는 절단 직후의 웨이퍼는 표면에 흠결이 있고 거칠어 회로의 정밀도에 영향을 미칠 수 있기 때문이지요. 그래서 연마액과 연마 장비(Polishing machine)를 통해 웨이퍼 표면을 매끄럽게 갈아내는 작업이 필요하답니다.

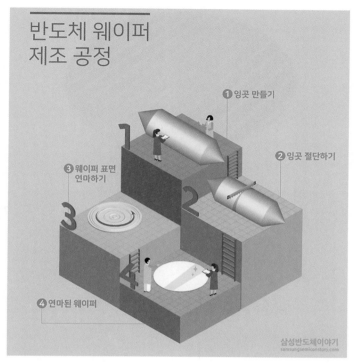

반도체 웨이퍼
제조 공정

❶ 잉곳 만들기

❷ 잉곳 절단하기

❸ 웨이퍼 표면
  연마하기

❹ 연마된 웨이퍼

삼성반도체이야기
samsungsemiconstory.com

출처 : 삼성반도체이야기

가공 전의 웨이퍼를 아직 옷을 입지 않은 상태라는 의미로 베어 웨이퍼(Bare wafer)라고 해요. 여기에 여러 단계의 물리적·화학적 가공을 거쳐 표면에 IC를 형성시키고 가공 단계를 거치면 완성된 웨이퍼를 만날 수 있습니다.

[반도체 웨이퍼의 명칭]

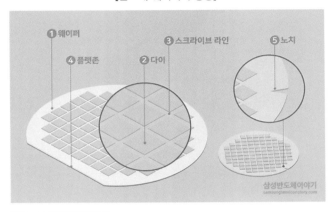

출처 : 삼성반도체이야기

① **웨이퍼(Wafer)** : 반도체 집적회로의 핵심 재료로 원형의 판을 말한다.

② **다이(Die)** : 둥근 웨이퍼 위에 작은 사각형들이 밀집돼 있다. 이 사각형 하나하나가 전자회로가 집
적되어 있는 IC칩으로 이것을 '다이'라고 말한다.

③ **스크라이브 라인(Scribe Line)** : 맨눈으로는 다이들이 서로 붙어있는 듯 보이지만, 사실 다이들은
일정한 간격을 두고 서로 떨어져 있다. 이 간격을 '스크라이브 라인'이라고 한다. 다이와 다이 사이에
스크라이브 라인을 두는 이유는 웨이퍼 가공이 끝난 뒤, 이 다이들을 한 개씩 자르고 조립해 칩으
로 만들기 위함이다. 나중에 다이아몬드 톱으로 잘라낼 수 있는 폭을 두는 것이다.

④ **플랫존(Flat Zone)** : 웨이퍼의 구조를 구별하기 위해 만든 영역으로 플랫존은 웨이퍼 가공 시 기준
선이 된다. 웨이퍼의 결정구조는 매우 미세해 눈으로 판단할 수 없기 때문에 이 플랫존을 기준으로
웨이퍼의 수직, 수평을 판단한다.

⑤ **노치(Notch)** : 최근에는 플랫존 대신 노치가 있는 웨이퍼도 있는데 노치 웨이퍼가 플랫존 웨이퍼보
다 더 많은 다이를 만들 수 있어 효율이 높다.

② 산화공정(Oxidation)

앞에서 설명한 대로 잉곳(Ingot)이라는 실리콘 기둥을 균일한 두께로 절단한 후 연마의 과정을 거쳐 반도체의 기반이 되는 웨이퍼를 만듭니다. 이렇게 만들어진 얇고 둥근 판 모양의 웨이퍼는 전기가 통하지 않는 부도체 상태이지요. 그래서 여기에 도체와 부도체의 성격을 모두 가진 '반도체'의 성질을 가질 수 있게 하기 위해 웨이퍼 위에 여러 가지 물질을 형성시킨 후 설계된 회로 모양대로 깎고, 다시 물질을 입혀 깎아내는 일을 반복합니다.

이 모든 공정의 가장 기초적인 단계가 산화공정이에요. 산화공정을 거치는 이유는 웨이퍼에 절연막 역할을 하는 산화막(SiO_2)을 형성해 회로와 회로 사이에 누설 전류가 흐르는 것을 차단하기 위해서랍니다. 산화막은 또한 이온주입 공정에서 확산 방지막 역할을 하고, 식각공정에서는 필요한 부분이 잘못 식각되는 것을 막는 식각 방지막 역할도 합니다.

> **누설 전류** : 절연체에 전압을 가했을 때 흐르는 약한 전류를 말한다. 내부를 흐르는 것과 표면을 흐르는 것이 있으나, 보통 표면을 흐르는 것이 더 크며, 이것을 표면 누설전류라 한다. 내부상태나 표면의 상태·형상에 따라 크게 차이가 난다. 옴의 법칙에서 벗어나는 수가 많으며, 내부온도나 표면의 습도 등 주위의 조건에 의해서도 좌우된다.

즉, 산화공정을 통해 형성된 산화막이 반도체 제조과정에서 든든한 보호막 역할을 해요. 미세한 공정을 다루는 반도체 제조과정에서는 아주 작은 불순물도 집적회로의 전기적 특성에 치명적인 영향을 미치기 때문에 꼭 필요한 작업입니다.

웨이퍼는 대기 중 혹은 화학물질 내에서 산소에 노출되면 산화막을 형성하게 되는데 이는 철(Fe)이 대기에 노출되면 산화되어 녹이 스는 것과 같은 원리예요.

웨이퍼에 막을 입히는 산화공정의 방법에는 열을 통한 열산화(Thermal Oxidation), 플라즈마 보강 화학적 기상 증착(PECVD), 전기 화학적 양극 처리 등 여러 종류가 있어요. 그 중 가장 보편적인 방법은 800~1,200℃의 고온에서 얇고 균일한 실리콘 산화막을 형성시키는 열산화 방법입니다.

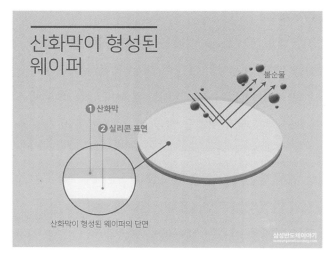

출처 : 삼성반도체이야기

 열산화 방법은 산화반응에 사용되는 기체에 따라 건식산화(Dry Oxidation)와 습식산화(Wet Oxidation)로 나뉠 수 있어요. 건식산화는 순수한 산소(O_2)만을 이용하기 때문에 산화막 성장 속도가 느려 주로 얇은 막을 형성할 때 쓰이며, 전기적 특성이 좋은 산화물을 만들 수 있답니다. 습식 산화는 산소(O_2)와 용해도가 큰 수증기(H_2O)를 함께 사용하기 때문에 산화막 성장 속도가 빠르고 보다 두꺼운 막을 형성할 수 있지만, 건식산화에 비해 산화층의 밀도가 낮습니다. 보통 동일한 온도와 시간에서 습식산화를 통해 얻은 산화막은 건식산화를 사용한 것보다 약 5~10배 정도 더 두꺼운 사실을 알 수 있습니다.

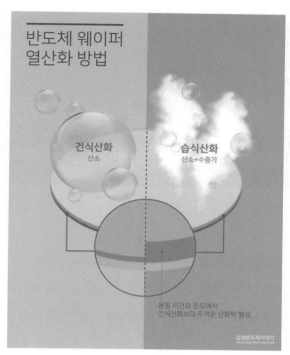

출처 : 삼성반도체이야기

　　반도체 집적회로(IC)를 가득 채우고 있는 트랜지스터, 저항, 다이오드, 캐패시터 등의 부품들은 서로 연결돼 전기 신호를 연산하고 저장해요. 트랜지스터는 전원을 켜고 끄는 스위치 역할을, 캐패시터는 전하를 충전해 보관하는 창고 역할을, 저항은 전류의 흐름을 조절하며 다이오드는 신호를 고르게 전하는 역할을 해요.

　　반도체 집적회로의 제조 방법은 회로 소자들을 모두 미세하고 복잡한 패턴(Pattern)으로 만들어 여러 층의 재료 속에 그려 넣는 방식이에요. 미세한 회로를 손으로 그려 넣는 것은 불가능하기에 사진을 찍는 방식을 활용하게 됩니다.

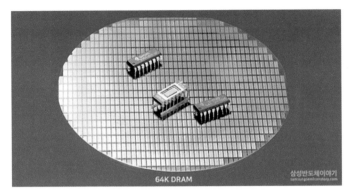

64K DRAM

출처 : 삼성반도체이야기

  집적회로(IC) 개발로 반도체 산업은 더욱 발전하게 되었습니다. 각 전자 부품들을 직접 연결하는 방식에서 집적회로로 변화됨으로써 제품의 크기가 작아져 적은 소비전력으로 빠른 정보 처리가 가능하게 되었지요. 또한 사진을 찍는 방식으로 제작되기에 대량 생산이 가능하고 신뢰도도 높아지고 있답니다.

③ 웨이퍼에 회로를 그려 넣는 포토공정(Photo)

  포토공정(Photo)은 포토리소그래피(PhotoLithography)를 줄여서 부르는 말이에요. 이 공정은 웨이퍼 위에 회로 패턴이 담긴 마스크 상을 빛을 이용해 회로를 그리기 때문에 붙여진 이름이랍니다. 여기서 패턴을 형성하는 방법은 흑백 사진을 만들 때 필름에 형성된 상을 인화지에 인화하는 것과 유사합니다.

  반도체는 집적도가 증가할수록 칩을 구성하는 단위 소자 역시 미세 공정을 사용해 작게 만들어야 하는데, 미세 회로 패턴 구현 역시 전적으로 포토 공정에 의해 결정되지요. 따라서 집적도가 높아질수록 포토 공정 기술 또한 세심하고 높은 수준의 기술을 요구하게 됩니다.

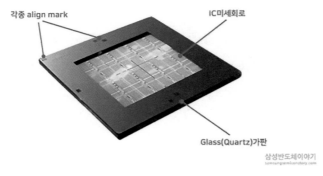

각종 align mark

IC미세회로

Glass(Quartz)가판

삼성반도체이야기
samsungsemiconstory.com

▲ 포토마스크(Photo Mask)

출처 : 삼성반도체이야기

[웨이퍼에 회로 패턴을 만드는 준비 단계]

먼저 컴퓨터 시스템(CAD, computer-aided design)을 이용해 웨이퍼에 그려 넣을 회로를 설계해요. 전자회로 패턴(Pattern)으로 설계되는 이 도면에 엔지니어들이 설계한 정밀회로를 담으며, 그 정밀도가 반도체의 집적도를 결정하게 되지요.

설계된 회로 패턴(Pattern)은 순도가 높은 석영(Quartz)을 가공해서 만든 기판 위에 크롬(Cr)으로 미세 회로를 형상화해 포토마스크(Photo Mask)로 만들어지게 됩니다. 마스크(Mask)는 레티클(Reticle)이라고도 부르는데, 이것은 회로 패턴을 고스란히 담은 필름으로 사진 원판의 기능을 할 수 있지요. 마스크는 보다 세밀한 패터닝(Patterning)을 위해 반도체 회로보다 크게 제작되며, 렌즈를 이용, 빛을 축소해 조사하게 됩니다.

> **레티클** : 반도체 회로의 패턴(pattern) 과정에 쓰이는 마스킹(masking)판을 이야기하며 망선이라고도 한다.

다음 단계는 웨이퍼 표면에 빛에 민감한 물질인 감광액(PR, Photo Resist)을 골고루 바르는 작업인데, 이 작업이 사진을 현상하는 것과 같이 웨이퍼를 인화지로 만들어줍니다. 더욱 고품질의 미세한 회로 패턴을 얻기 위해서는 감광액(PR)

막이 얇고 균일해야 하며 빛에 대한 감도가 높아야 하지요.

그 이후 감광액(PR) 막을 형성해 웨이퍼를 사진 인화지와 비슷한 상태로 만든 후에는 노광장비(Stepper)를 사용해 회로 패턴이 담긴 마스크에 빛을 통과시켜 웨이퍼에 회로를 찍어냅니다. 이 과정을 '노광(Stepper Exposure)'이라고 하는데, 반도

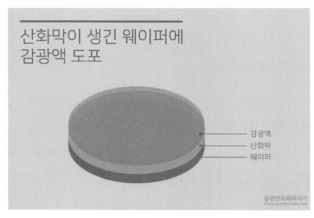

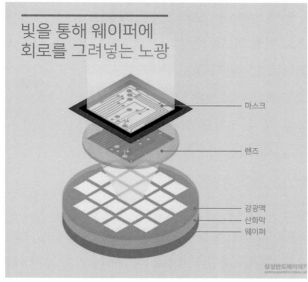

출처 : 삼성반도체이야기

체 공정에서의 노광은 빛을 선택적으로 조사하는 과정을 말합니다.

포토공정(Photo)의 마지막 단계는 '현상(Develop)'으로 일반 사진을 현상하는 과정과 동일해요. 이 과정에서 패턴의 형상이 만들어지기 때문에 매우 중요하지요. 현상(Develop) 공정은 웨이퍼에 현상액을 뿌려 가며 노광된 영역과 노광되지 않은 영역을 선택적으로 제거해 회로 패턴을 형성하는 공정입니다.

웨이퍼 위에 균일하게 입혀진 감광액(PR)은 빛에 어떻게 반응하는가에 따라 양성(positive) 혹은 음성(negative)로 분류됩니다. 양성 감광액의 경우 노광되지 않은 영역을 남기고 음성 감광액의 경우 노광된 영역만 남겨 사용하게 돼요.

현상 공정까지 마치게 되면 모든 포토공정은 마무리가 됩니다. 반도체를 만드는 과정이 너무 복잡한가요? 하지만 아직 끝이 아닙니다. 마지막으로 각종 측정 장비와 광학 현미경 등을 통해 패턴이 잘 그려졌는지 꼼꼼하게 검사한 후, 이를 통과한 웨이퍼만이 다음 공정 단계로 이동할 수 있답니다.

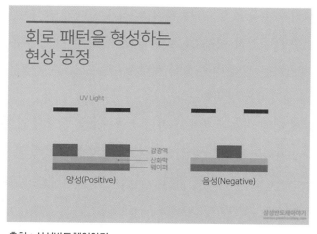

출처 : 삼성반도체이야기

④ 반도체 회로패턴의 완성 '식각공정'(Etching)

식각공정은 미술시간에 만들었던 판화의 에칭(Etching)과 비슷한 원리를 가지고 있다고 생각하면 돼요. 회화에서 에칭 기법은 산의 화학작용을 방지하는 방식제(그라운드)를 바른 동판을 날카로운 도구를 이용하여 긁어내 동판을 노출시키는 과정을 말해요. 이때 동판을 부식액(묽은 질산)에 넣고, 부식의 진행 정도를 조절하여 이미지를 만드는 것이라고 생각하면 됩니다.

부식과 같은 화학작용을 이용해 이미지를 만드는 판화의 에칭 기법처럼, 반도체 식각공정도 웨이퍼에 액체 또는 기체의 부식액(Etchant)을 이용해 불필요한 부분을 선택적으로 제거한 후 반도체 회로 패턴을 만들어요.

포토공정에서 형성된 감광액 부분을 남겨둔 채 나머지 부분을 부식액을 이용해 벗겨냄으로써 회로를 형성할 수 있지요. 식각이 끝나면 감광액도 제거하여 반도체를 구성하는 여러 층의 얇은 막에 원하는 회로 패턴을 형성하는 과정을 반복하게 됩니다.

식각공정은 식각 반응을 일으키는 물질의 상태에 따라 습식(Wet)과 건식(Dry)으로 나눌 수 있어요. 건식 식각(Dry Etching)은 반응성 기체, 이온 등을 이용해 특정 부위를 제거하는 방법이며, 습식 식각(Wet Etching)은 용액을 이용 화학적인 반응을 통해 식각하는 방법입니다.

건식은 습식에 비해 비용이 비싸고 방법이 까다로운 단점이 있으나, 최근에는 나노 단위로 고집적화되는 반도체 기술 변화에 따라 회로선폭 역시 미세해지고 있기 때문에 수율을 높이기 위한 방법으로 습식(Wet)보다는 건식(Dry) 식각이 확대되고 있답니다.

☑ **건식 식각**(Dry etching)**은 어떠한 방법을 통해 회로 패턴 이외에 불필요한 부분을 제거하는지 알아볼까요?**

　건식 식각은 '플라즈마(Plasma) 식각'이라고도 해요. 일반 대기압보다 낮은 압력인 진공 챔버(Chamber)에 가스를 주입한 후, 전기 에너지를 공급하여 플라즈마를 발생시킵니다. 이때 플라즈마는 고체-액체-기체를 넘어선 물질의 제4 상태로 많은 수의 자유전자, 이온, 중성의 원자 또는 분자로 구성되어 이온화된 기체를 말해요. 이온화는 전기적으로 중성인 원자 또는 분자가 자신이 보유하고 있던 전자를 떼어내거나 추가 확보함으로써, 양전하 또는 음전하 상태로 바뀌는 현상을 말합니다.

　또한 플라즈마는 전기에너지에 의해 형성된 충분한 크기의 자기장이 기체에 가해질 때, 기체가 충돌하고 이온화됨으로써 발생해요. 즉, 자기장이 자유전자를 가속화시켜 높은 에너지를 가진 자유전자가 중성의 원자나 분자와 충돌하여 이온화를 일으키게 되는 것입니다.

　이때 이온화에 의해 생성된 추가 전자도 연쇄 반응(Avalanche)에 의해 또 다른 이온화를 일으키면서 이온의 수가 기하급수적으로 늘어나게 되는 걸 볼 수 있어요. 이 상태를 바로 '플라즈마 상태'라고 하는데 플라즈마 상태에서 해리된 반응성 원자(Radical Atom)가 웨이퍼 위를 덮고 있는 막질 원자와 만나 강한 휘발성을 띠면서 표면에서 떨어져 나가게 됩니다. 이러한 반응을 통해 감광액(PR, Photo Resist) 보호막으로 가려져 있지 않은 막질은 제거되는 것입니다.

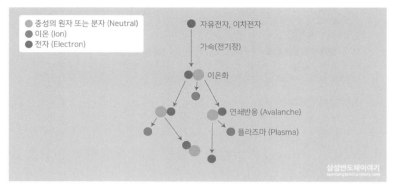

출처 : 삼성반도체이야기

건식 식각공정에서는 '균일도(Uniformity)'를 유지해야 합니다. 균일도란 식각이 이루어지는 속도가 웨이퍼 상의 여러 지점에서 '얼마나 동일한가'를 의미합니다. 일정한 시간 동안 공정을 진행한 상태에서 웨이퍼의 부위에 따라 식각 속도가 다를 경우, 형성된 모양이 부위별로 다르게 되어 특정 부위에 위치한 칩에 불량이 발생하거나 특성이 달라지는 문제가 발생할 수 있기 때문이지요.

또 일정 시간 동안 막질을 얼마나 제거할 수 있는지 확인하는 식각 속도(Etch Rate)도 중요해요. 식각 속도는 주로 표면 반응에 필요한 반응성 원자와 이온의 양, 이온이 가진 에너지에 의해서 변화해요. 즉, 이러한 인자의 조절 능력을 높여 전체적인 수율을 향상시키기 위해 계속 연구 중이랍니다. 이 밖에도 선택비(Selectivity), 형상(Profile) 등이 건식 식각의 주요 인자입니다.

선택비 : 소자 또는 코어를 선택하는 데 사용되는 최소한의 자기력과 소자 또는 코어를 선택하지 못하는 최대 자기력과의 비를 말한다.

⑤ 반도체에 전기적 특성의 완성 증착 & 이온주입 공정

반도체 칩에는 미세한 수많은 층(Layer)이 고층 빌딩처럼 높고 견고하게 쌓여 복잡한 구조를 이루고 있어요. 이러한 구조를 형성하기 위해서는 반도체의 원재료가 되는 단결정 실리콘(Si) 웨이퍼 위에 단계적으로 박막을 입히고 회로를 그려 넣는 포토공정을 거쳐 불필요한 부분을 선택적으로 제거하는 식각공정과 세정하는 과정을 여러 번 반복하게 됩니다.

이때 회로 간의 구분과 연결, 보호 역할을 하는 얇은 막을 '박막(Thin film)'이라고 하는데, '박막(Thin film)'이란 단순한 기계 가공으로는 실현 불가능한 1마이크로미터(μm, 100만 분의 1미터) 이하의 얇은 막을 말해요.

웨이퍼 위에 원하는 분자 또는 원자 단위의 박막을 입히는 일련의 과정은 '증착(Deposition)'이라고 하는데 두께가 워낙 얇기 때문에 웨이퍼 위에 균일하게 박막을 형성하기 위해서는 정교하고 세밀한 기술력이 필요합니다.

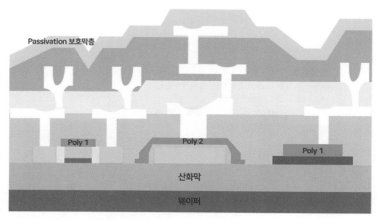

출처 : 반도체증착구조_삼성반도체이야기

증착의 방법에는 물리적 기상증착방법(PVD, Physical Vapor Deposition)과 화학적 기상증착방법(CVD, Chemical Vapor Deposition) 두 가지가 있습니다.

물리적 기상증착방법(PVD)은 금속 박막의 증착에 주로 사용되며 화학반응이 수반되지는 않아요. 하지만 화학적 기상증착방법(CVD)은 가스의 화학 반응으로 형성된 입자들을 외부 에너지가 부여된 수증기 형태로 쏘아 증착시키는 방법으로 도체, 부도체, 반도체의 박막증착에 모두 사용될 수 있는 기술이에요.

현재 반도체 공정에서는 화학적 기상증착방법(CVD)을 주로 사용하고 있는데 화학적 기상증착방법(CVD)은 사용하는 외부 에너지에 따라 열 CVD, 플라즈마 CVD, 광 CVD로 세분화할 수 있어요. 특히 플라즈마 CVD는 저온에서 형성이 가능하고 두께 균일도를 조절할 수 있으며, 대량 처리가 가능하다는 장점 때문에 가장 많이 이용되고 있지요.

증착공정을 통해 형성된 박막은 크게 회로들 간 전기적인 신호를 연결해주는 금속막(전도)층과 내부 연결층을 전기적으로 분리하거나 오염원으로부터 차단시켜주는 절연막층으로 구분됩니다.

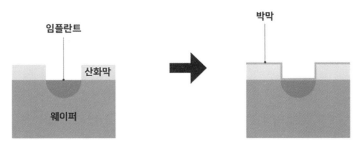

출처 : 이온주입공정(Ion Implantation)_삼성반도체이야기

이 과정에서 반도체가 전기적인 성질을 가지게 하는 공정이 수반되어야 해요. 전기가 통하는 도체와, 통하지 않는 부도체의 성질을 동시에 가진 반도체에서

이온주입공정(Ion Implantation)은 규소로 되어 있는 순수 반도체에 불순물을 넣어줘 전기가 잘 흐르게 하는 전도성을 갖게 만들어주는 방식이랍니다.

이때 불순물을 '이온(Ion)'이라고 하는데, 이온을 미세한 가스입자로 만들어 원하는 깊이만큼 웨이퍼 전면에 균일하게 넣어주어야 해요. 여기서 불순물로는 15족 원소 인(P), 비소(As), 13족 원소 붕소(B) 등을 사용하게 되는데 15족 원소를 주입하면 **n형 반도체**가 되고, 13족 원소를 주입하면 **p형 반도체**가 됩니다.

> **n형 반도체** : 전하 운반자 역할을 하는 전자의 수가 양공의 수에 비해서 훨씬 많이 있는 반도체이다. 양공(정공)은 전자의 빈자리로서 양의 전하를 띤 입자와 같은 역할을 하는 가상의 입자이다.

이 과정에서 박막을 얼마나 얇고 균일하게 입혔느냐가 반도체의 품질을 좌우할 정도로 증착공정은 매우 중요해요. 앞으로는 작은 크기의 반도체 회로 구조가 전기적 성격을 가지도록 하기 위해, 더욱 얇고 균일하게 박막이 형성되도록 하는 증착기술이 필요할 것입니다.

> **p형 반도체** : 전하 운반자 역할을 하는 양공의 수가 전자의 수에 비해서 훨씬 많은 반도체이다.

⑥ 전기길을 만드는 금속 배선 공정

순수한 규소에 불순물을 넣는 이온주입공정(Ion Implantation)을 통해 전도성을 갖게 된 반도체는 필요에 따라 전기가 흐르게, 또는 흐르지 않게 조절할 수 있어요.

앞에서 설명한 포토, 식각, 이온주입, 증착 공정을 반복하면 웨이퍼 위에 수많은 반도체 회로가 만들어집니다. 이 회로가 작동하기 위해서 외부에서 전기적 신호가 잘 전달되도록 반도체 회로 패턴에 따라 전기길(금속선)을 연결하는 작업을 '금속 배선 공정'이라고 해요.

금속 배선 공정은 알다시피 전기가 잘 통하는 금속의 성질을 이용해야 해요.

이 과정은 반도체의 회로 패턴에 따라 금속선(Metal Line)을 이어주는 작업이지만, 금속 배선 공정에 모든 금속을 사용할 수 있는 것은 아니랍니다.

[금속 재료의 필요조건]

웨이퍼와의 부착성	실리콘 웨이퍼 위에 얇은 박막으로 증착할 수 있도록 부착이 쉬워야 하며, 부착 강도 또한 우수해야 한다.
전기 저항이 낮은 물질	금속선은 회로패턴을 따라 전류를 전달하는 역할을 하기 때문에 전기 저항이 낮아야 한다.
열적·화학적 안정성	금속 배선 공정의 후속 공정에서 금속선의 특성이 변하지 않도록 열적·화학적 안정성이 필요하다.
패턴 형성의 용이성	회로 패턴에 따라 금속선을 쉽게 형성시킬 수 있어야 한다.
높은 신뢰성	집적회로 기술의 발전으로 반도체가 미세화됨에 따라 금속 배선을 작은 단면으로 만들어 끊김없이 사용할 수 있어야 한다.
제조가격	가격이 높으면 대량 생산이 어렵기 때문에 반도체의 재료로 적합하지 않다.

이런 조건을 만족하는 금속에는 알루미늄(Al), 티타늄(Ti), 텅스텐(W) 등이 있습니다.

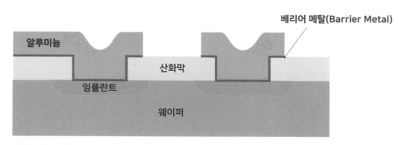

출처 : 금속 배선 공정_삼성반도체이야기

반도체용 금속 배선 재료로는 알루미늄(Al)을 많이 사용하는데 알루미늄의 경우에는 산화막(Silicon Dioxide)과의 부착성이 좋고 가공성이 뛰어나기 때문입니다. 하지만 알루미늄(Al)의 경우 실리콘(Si)과 만나면 서로 섞이려는 성질을 가지고 있답니다. 이 때문에 실리콘 웨이퍼의 경우 알루미늄 배선 과정에서 접합면이 파괴되는 현상이 생길 수 있기 때문에 알루미늄과 웨이퍼 접합면 사이에 장벽(Barrier) 역할을 하는 금속을 증착해야 해요. 이를 '베리어 메탈(Barrier Metal)'이라고 합니다. 이 과정을 거치면 이중으로 박막을 형성해 접합면이 파괴되는 것을 막을 수 있지요.

금속 배선도 증착을 통해 이루어집니다. 금속을 진공 챔버에 넣고 낮은 압력에서 끓이거나 전기적 충격을 주면 금속은 증기 상태가 되면서 웨이퍼를 진공 챔버에 넣으면 얇은 금속막을 형성하게 되지요.

⑦ 반도체 수율 향상과 직결된 EDS공정(테스트 공정)

반도체 칩이 양품인지, 불량품인지 선별하기 위해 반도체 제조과정에서는 다양한 테스트가 이루어집니

수율 : 반도체에서 수율은 결함이 없는 합격품의 비율이다.

다. 대표적인 테스트는 웨이퍼 완성 단계에서 이루어지는 EDS공정(Electrical Die Sorting)과 조립공정을 거친 패키지 상태에서 이루어지는 패키징공정(Pakaging), 그리고 제품이 출하되기 전 소비자의 관점에서 실시되는 품질 테스트 등이 있지요.

EDS공정(Electrical Die Sorting)은 웨이퍼 위에 전자회로를 그리는 FAB 공정과 최종적인 제품의 형태를 갖추는 패키지 공정 사이에 진행됩니다. 이 과정에서는 웨이퍼 상태 반도체 칩의 양품·불량품을 선별하고 불량 칩 중 수선 가능한 칩의 양품화시키는 작업을 해요. 또한 FAB공정 또는 설계에서 발견된 문제점을 수정하고, 불량 칩을 미리 선별해 이후 진행되는 패키징공정 및 테스트 작업의 효율을 향상시킵니다.

이처럼 EDS공정은 반도체의 수율을 높이기 위해 반드시 필요한 공정이지요. 수율은 웨이퍼 한 장에 설계된 최대 칩(Chip) 개수 대비 생산된 양품(Prime Good) 칩의 개수를 백분율로 계산한 것으로, 반도체의 생산성과 직결됩니다.

☑ 반도체 용어인 수율에 대해서도 알아볼까요?
 반도체 '수율'은 웨이퍼 한 장에 설계된 칩(IC)의 최대 개수 대비 생산된 칩들 중 정상 작동하는 칩의 개수를 백분율로 나타낸 것으로, 불량률의 반대말입니다. 수율이 높을수록 생산성이 향상됨을 의미하므로 반도체 산업에서는 수율을 높이는 것이 매우 중요해요. 높은 수율을 얻기 위해서는 공정 장비의 정확도와 클린룸의 청정도, 공정 조건 등 여러 제반사항이 뒷받침되어야 해요.

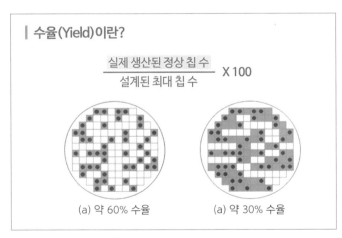

출처 : 삼수율_삼성반도체이야기

 EDS공정은 프로브 카드(Probe Card)에 웨이퍼를 접촉시켜 진행되며, 프로브 카드에 있는 수많은 미세한 핀(Pin)이 웨이퍼와 접촉해 전기를 보내고 그 신호를 통해 불량 칩을 선별합니다.

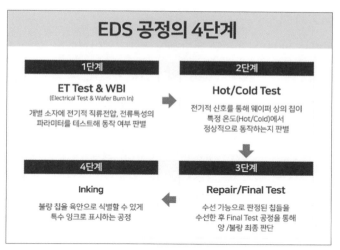

위 과정을 거쳐 Inking공정을 마친 웨이퍼는 건조(Bake)된 후, QC(Quality Control) 검사를 거쳐 조립공정으로 옮겨지게 됩니다.

⑧ 완벽한 반도체 제품으로 태어나기 위한 단계 패키징(Packaging)공정

전 공정을 통해 완성된 웨이퍼의 반도체 칩은 낱개로 하나하나 잘라내는데, 이렇게 잘린 칩을 '베어칩(Bare chip)' 또는 '다이(Die)'라고 해요. 하지만 이 상태의 칩은 외부와 전기신호를 주고받을 수 없으며, 외부 충격에 의해 쉽게 손상되기 때문에 반도체 칩이 기판이나 전자기기에 장착되기 위해

> **베어칩** : 웨이퍼에서 잘라낸 집적 회로 칩. 패키징 단계 직전의 상태로, 베어 다이(bare die)라고도 한다.

선 그에 맞는 포장이 필요해요. 이와 같이 반도체 칩이 외부와 신호를 주고받을 수 있도록 길을 만들어주고 다양한 외부환경으로부터 안전하게 보호받는 형태로 만드는 과정을 '패키징(Packaging)'이라고 합니다.

패키징의 4가지 과정

먼저, 웨이퍼를 낱개의 칩으로 절단해야 해요. 웨이퍼에는 수백 개의 칩이 촘촘히 배열되어 있고, 각 칩은 스크라이브 라인(Scribe Line)으로 구분되어 있답니다. 이 스크라이브 라인을 따라 웨이퍼를 다이아몬드 톱이나 레이저 광선을 이용해 절단하고, 웨이퍼 절단 작업은 웨이퍼를 톱질하고 잘라냅니다.

스크라이브 : 웨이퍼를 다수의 칩으로 잘라내기 위해 다이아몬드 커터 등으로 웨이퍼 표면에 가로·세로로 홈을 내는 것. 스크라이브한 웨이퍼는 롤러로 가볍게 롤함으로써 칩으로 분리할 수 있다.

출처 : 개별 절단된 칩_삼성반도체이야기

그다음은 칩 접착(Die attach)을 합니다. 절단된 칩들은 리드프레임(Lead Frame) 또는 PCB(Printed Circuit Board) 위에 옮겨집니다. 리드프레임은 반도체 칩과 외부 회로 간 전기신호를 전달하고, 외부 환경으로부터 칩을 보호, 지지해주는 골격 역할을 합니다.

출처 : 칩의 지지대 역할을 하는 리드프레임_삼성반도체이야기

　세 번째 과정은 금선 연결로 반도체의 전기적 특성을 위해 기판 위에 올려진 반도체 칩의 접점과 기판의 접점을 가는 금선을 사용하여 연결합니다. 이 공정을 '와이어본딩(Wire Bonding)'이라고 해요.

　예전에는 와이어본딩 방식을 사용했지만, 최근에는 반도체의 속도를 향상시키기 위해 칩의 회로와 기판을 직접 볼 형태의 범프(Bump, 돌기)로 연결하는 패키징 방식도 쓰고 있어요. 플립칩(Flip Chip) 패키지라고 불리는 이 기술은 와이어본딩보다 전기 저항이 작고 속도가 빠른 장점이 있답니다. 또한 작은 폼팩터(Form Factor) 구현을 가능하게 하며 범프의 소재로는 주로 금(Au) 또는 솔더(Solder, 주석/납/은 화합물)가 사용됩니다.

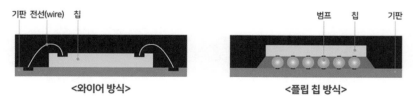

출처 : 삼성반도체이야기

마지막 과정으로 성형(Molding)공정을 합니다. 이 과정은 열, 습기 등의 물리적인 환경으로부터 반도체 집적회로를 보호하고, 원하는 형태의 패키지로 만들기 위한 것이지요. 금선 연결까지 끝난 반도체 칩을 화학 수지로 밀봉하는 공정을 거치면 우리가 흔히 보는 반도체가 됩니다.

　　이제 남은 것은 패키지 테스트로 반도체를 검사장비(Tester)에 넣고 다양한 조건의 전압이나 전기신호, 온도, 습도 등을 가해 제품의 전기적 특성, 기능적 특성, 동작 속도 등을 측정합니다. 또한 테스트 데이터를 분석해 제조공정이나 조립공정에 피드백함으로써 제품의 질을 개선하는 역할도 해요.

자율주행차용
반도체

01

자율주행차용
반도체의 활용 분야

자율주행 자동차의 가장 핵심적인 요소로 꼽히는 기술은 첨단운전자지원시스템(ADAS)입니다. ADAS는 카메라·레이더·라이다 등 각종 센서를 이용해 도로교통 상황을 감지하고, 운전자가 안전한 주행을 할 수 있도록 차량 조작을 일부 보조해주는 시스템이지요. 이 시스템에서 센서를 통해 감지한 정보를 판단하고

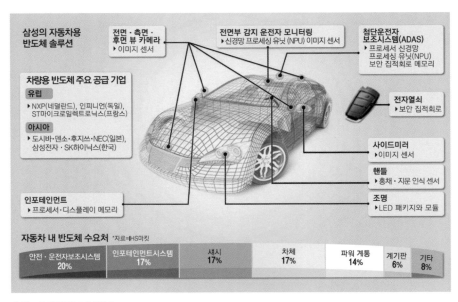

출처 : IHS마켓, MK증권

처리하는 것으로는 마이크로컨트롤러(MCU), 신경망프로세서유닛(NPU), 전자제어유닛(ECU), 지능형순항제어(ACC), 충돌예방안전(PCS), 차선이탈경보시스템(LDWS), 차선유지보조시스템(LKS), 차선변경지원시스템(LCDAS), 자동주차보조(APS) 등의 수많은 반도체가 있습니다.

삼성전자에서는 통신칩, 인포테인먼트 시스템용 프로세서, 전력 관리칩 등 3종의 차량용 반도체 신제품을 출시했습니다. '엑시노스 오토 T5123'는 차량용 통신칩으로 업계 최초로 5G 통신서비스 제공이 가능합니다. 인공지능(AI) 연산 기능을 제공하는 인포테인먼트(IVI)용 프로세서인 '엑시노스 오토 V7'은 폭스바겐 **인포테인먼트** 시스템까지 탑재했지요. 또한 차량용 인포테인먼트 프로세서에 공급되는 전력을 정밀하고 안정적으로 조절해주는 전력관리칩(PMIC)인 '파워 IC'도 함께 선보였답니다.

> **인포테인먼트** : 운전자에게 길 안내 등 필요한 정보를 제공하는 인포메이션(Information)과 다양한 오락거리와 인간친화적인 기능을 말하는 엔터테인먼트(Entertainment)의 통합시스템이라고 할 수 있다.

출처 : 차세대 차량용 시스템반도체_삼성전자 뉴스룸

02

자율주행차용
반도체 패러다임의 변화

차세대 지능형반도체 기술개발 사업, 자율주행 기술개발 혁신사업 등으로 모바일용 반도체를 차량용으로 전환하려 하고 있습니다.

업체	제품	내용
애플	자율주행차용반도체 / OS	• 고성능 반도체, 독자 운영체제(OS) 바탕으로 자율주행용 칩 및 S/W, 배터리 등 자체 개발 • 2014년부터 자율주행 전기차 프로젝트 'Titan' 추진, 자동차 OS 카플레이 공개 • 2024년을 목표로 자체 설계 배터리 탑재 승용차 생산 예정 • TSMC와 자율주행차(애플카)에 탑재될 AI칩 생산 예정
퀄컴	자동차용 AP	• 자동차용 AP 신제품 '스냅드래곤 820A'를 출시, 2017년 아우디에 탑재 • 2021년 1월 '4세대 스냅드래곤 오토모티브 플랫폼' 공개, 운전자와 탑승자를 위한 엔터테인먼트와 상황 인식 경험 재창조 목표 • 20개 완성차업체 수주
엔비디아	자동차용 칩셋 / 커넥티드카 OS	• 주력제품인 GPU가 차량용 AI 시스템 반도체 분야 수요 급증 • 2015년 차량용 칩셋 NVIDIA DRIVE 공개 • 2020년 ARM 인수해 자율주행 플랫폼과 에지컴퓨팅 강화 계획 • SoC를 기반으로 설계한 칩을 도요타, 폭스바겐 등이 활용 • 2021년 1월 공개한 정보처리 반도체플랫폼 '엔비디아 드라이브' 기반 커넥티드카 운영체제(ccOS) 2022년 현대기아차 적용 예정
테슬라	자율주행차용 AI칩	• AI 이미지 처리능력 향상 완전자율주행(FSD) 칩 설계 • 기존 테슬라 차량에 탑재됐던 반도체 넘는 성능 과시 • TSMC가 위탁생산할 예정

출처 : 차량용 반도체 공급망 생태계(전황수 외)_ETRI

자율주행차에 필요한 인공지능(AI) 시스템, 비전 컴퓨팅 시스템, 자동차용 데이터 통신 솔루션 등을 개발해 차량용 시스템 반도체의 새로운 시장을 개척하기 위한 노력을 하고 있답니다. 삼성전자가 테슬라에 차세대 자율주행(FSD) 칩을 납품하며 전기차 반도체 시장 공략에 박차를 가하고 있습니다.

최근 자율 주행 시스템이 확대되고 고해상도 지도, 동영상 스트리밍, 고사양 게임 등 차량 내 인포테인먼트 시스템이 고도화되면서 고용량·고성능 메모리 반도체 수요가 지속적으로 증가하고 있지요. 이러한 점이 삼성전자가 해당 사업을 더 강화하고 투자하는 이유입니다.

현대차는 'IAA 모빌리티 2021'에서 아이오닉5 기반의 자율주행 로보택시 실물을 공개했어요. 약 30개의 센서가 달린 차량은 360도 전방위 상황을 인식하고, 레벨 4 자율주행 기술을 인증받습니다. 국내 레벨4 자율주행 상용화 목표 시점은 2027년으로 계획하고 있어요.

정부는 전국 주요 도로에 차세대 지능형 교통시스템(I-CTS) 통신 인프라를 구축하고 있습니다. 자율주행이 가능하려면 주변 상황을 인지하고 판단해 차량을 제어해야 하기 때문에 인공지능(AI)은 미래 모빌리티의 핵심 기술로 떠오르고 있지요. 이러한 기술이 상용화하기 위해서는 시스템반도체의 발전이 중요합니다 .

03

자율주행차용 반도체
개발의 필요성

차량용 반도체는 컴퓨터와 같이 실내에서 주로 쓰이는 메모리 반도체와 달리 자동차 제조공정에서부터 탑재되기 때문에 영하 40℃∼영상 70℃의 온도에 견뎌야 하며, 7∼8년간 제품을 그대로 유지해야 하는 내구성까지 갖춰야 해요.

최근 들어 자동차에 스마트 기능이 적용되면서 복잡도도 높아지고 전력 소모량도 증가하고 있어요. 또한 각 자동차에 특화되어 설계도가 있어도 타 파운드리에서 대체 생산이 불가능하다는 특징도 있어요.

반도체를 제작하는 것은 가장 복잡한 제조공정이기 때문에 단시간 내에 생산을 늘리거나 품목을 변경할 수 없습니다. 높은 품질기준과 신뢰성은 새로 진입하려는 후발업체가 품질면에서 수요업체를 만족시키기 어렵다는 단점이 있습니다.

전 세계 완성차 및 ICT 기업들을 중심으로 자율주행 기술 개발이 가속화되면서, 자율주행의 성능을 좌우할 반도체 수요도 앞으로 10년 내 3배가량 늘어날 것이란 전망을 하고 있어요. 글로벌 컨설팅기업 맥킨지는 자율주행 자동차용 반도체 매출 규모가 오는 2030년까지 연간 290억 달러(약 33조 2,440억원)에 달할 것으로 예상하고 있습니다.

시장조사기관 IHS마켓에 따르면, 2021년 초 450억 달러(약 53조 2천억원) 규모

였던 차량용 반도체 시장은 매년 9% 이상씩 성장해 2026년에는 740억 달러(약 87조 5천억원)로 커질 것으로 전망하기에 자율주행차용 반도체 개발은 꼭 필요하답니다.

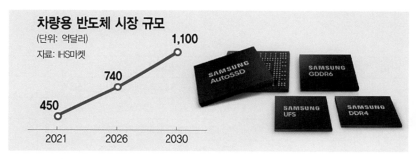

출처 IHS마켓, 서울경제

글로벌 컨설팅기업 맥킨지는 '자율주행 시대를 위한 자동차 반도체' 보고서를 통해 자율주행차 반도체 매출 규모가 2030년까지 연간 290억달러(약 35조 3000억원)로 성장한다고 발표했어요. 이는 2019년보다 세 배 정도 증가하는 수치다. 현재 도로 위를 달리고 있는 레벨2 자율주행 반도체 매출의 40%에서 2030년까지 85%로 두 배 이상 증가한다고 예측하고 있어요. 따라서 자율주행 기술 발전에 따라 2025년부터는 레벨3와 레벨4 자율주행 칩 매출도 늘어나기에 자율주행차용 반도체 기술을 개발하는 것이 중요합니다.

04

반도체 계약학과

구분	학교명
고등학교	광주자동화설비공고 자동화설비과(광주 광산구)
	단국대부설소프트웨어고 (서울 강남구)
	부원고 반도체전자과(경기 이천시)
	세경고 인공지능반도체(경기 파주시)
	안양공고 반도체CS엔지니어과(안양시 만안구)
	인천재능고 스마트반도체과(인천 동구)
	충북반도체고 반도체제조/장비과(충북 음성군)
	한국나노마이스터고 나노융합과(경남 밀양시)
	한봄고 반도체전자과(수원시 권선구)
전문대학	경남정보대 반도체과(부산 사상구)
	대구과학대 반도체전자과(대구 북구)
	대림대 반도체과(경기 안양시)
	동양미래대 반도체전자공학과(서울 구로구)
	영남이공대 ICT반도체전자계열(대구 남구)
	영진전문대 반도체계열(대구 북구)
	충북도립대 반도체전자과(충북 옥천군)
	한국폴리텍 반도체융합캠퍼스(경기 안성시)
	한국폴리텍 성남캠퍼스 반도체소재응용과
	한국폴리텍 청주캠퍼스 반도체시스템과
대학교	KAIST 반도체공학과(삼성전자)
	포항공대 반도체공학과(삼성전자)
	고려대 반도체공학과(SK하이닉스)

대학교	연세대 시스템반도체공학과(삼성전자)
	성균관대 반도체시스템공학과(삼성전자)
	경북대 모바일공학전공(삼성전자)
	서울대 반도체계약학과(한국반도체산업협회)
	한동대 반도체학과(네페스)

반도체 계약학과의 경우는 산업체가 직접 참여하는 채용조건으로 취업 보장이 된다는 것이 제일 큰 장점이지요. 대학의 경우는 대학이나 기업체가 정한 일정 기준만 넘기면 졸업 후 기업체에 취직할 수 있어 수험생들의 관심이 최근에 더 높아지고 있습니다. 앞의 자료에서 고려대 반도체공학과의 경우는 SK하이닉스와 연세대 시스템반도체공학과의 경우는 삼성과 협약하여 신입생을 모집하고 있습니다. 또한 입학과 동시에 장학금이나 인턴십 등 다양한 혜택이 제공되기 때문에 정말 매력적인 학과랍니다.

반도체는 대학생뿐만 아니라 특성화고 학생들도 관심이 많습니다. 경기도 파주의 세경고등학교의 경우에는 2021년, 경기도 최초로 인공지능반도체과를 운영하고 있어요. 교육과정 중 반도체설비운용기능사 자격증을 취득하여 반도체 관련 국가, 민간 연구소 분야에도 취업이 가능합니다.

또한 충북반도체고에 따르면, 이 학교 학생들이 삼성전자, 삼성디스플레이, 한화솔루션, 세메스 등 국내 28개 반도체 관련 기업에 취업해 95.4%의 높은 취업률을 기록하고 있답니다. 거의 입학과 동시에 반도체 전문기업에 취업한다고 보면 됩니다. 충북반도체고의 경우는 우수기업들과 산학협약을 체결해 안정된 취업처를 확보하고 기업 맞춤형 교육을 진행하고 있기에 가능한 결과예요.

특히 영-마이스터 인증제 프로그램을 운영해 외국어, 전공, 직업의식, 정보화, 직업기초 능력을 학년별로 제시하고 학교 과정에서 달성하도록 하고 있지요.

또한 실제 반도체 제조 현장과 같은 클린룸, 제조공정별 장비 등을 갖추고 최적화된 실무교육을 실시하기 때문에 기업들의 만족도가 매우 높습니다.

한국기술교육대학교와 연계한 반도체 공정 이론과 실습강좌 진행, 기업과 연계한 장비교육, 지역과 학교 간 공동교육과정 등을 통해 지역사회와 산업체로 교육의 장을 확대하고 있다는 사실도 매력적입니다.

05

반도체학과 교육과정

① 영남이공대 반도체학과

1학년	2학년
회로이론	전자회로
CAD	전자회로 실험
C-언어	전자기학
기초전자실험	마이크로컴퓨터
디지털공학	PLC응용
응용프로그램	반도체화학
전자회로	반도체공정
전자회로 실험	캡스톤 디자인
회로이론	반도체가공기술
반도체공학	IoT실습
PLC기초	현장실습

영남이공대의 경우 전자계열이 3가지 전공인 ICT전공, 스마트제어전공, 반도체전공이 개설되어 있기 때문에 이 중 반도체 전공을 선택하면 관련 기업에 취업할 수 있습니다. 반도체 전공의 경우는 SK하이닉스반도체(주)와 산학협약을 통해 하이닉스반도체 모듈반을 운영하여 미리 다양한 실습을 할 수 있는 장점도 있지요.

반도체설계산업기사를 취득하여 SK하이닉스, LG실트론, 하나마이크론, 스태츠칩코리아, OCI머티리얼즈 등, 반도체 전문기업에 취직이 가능해요. 2021년

52명의 재학생 및 졸업생이 LG디스플레이 반도체 전문 인력 채용에 최종 합격하기도 했습니다. 특히 코로나19로 실습이나 취업이 어려운 상황에서도 실습 위주의 교육 및 현장 중심의 전문직업기술교육을 다양하게 활용했습니다.

또 대학일자리센터 및 기업인재육성지원단의 원스톱 취업 지원, 코로나19 대응을 위한 YNC랜선 진로상담, 온라인 자기소개서 지원, 언택트 면접 컨설팅, 맞춤형 진로 캠프, 랜선 진로·취업 특강 등 여러 '비대면 맞춤 취업 프로그램'을 효과적으로 운영하고 있습니다.

다른 대학들도 영남이공대처럼 앞으로 언택트 시대의 취업환경 변화 속에서 효과적인 진로 및 취업 지원이 필요하지 않을까 생각해요. 또한 공부를 더 하고 싶은 학생들에게는 대구대 정보통신대학 통신공학전공 및 전자시스템공학전공, 홍익대(세종) 전자전기공학과 전자공학전공, 고려대(세종) 전자 및 정보공학과를 무시험으로 연계 편입이 가능하다는 사실도 알고 있으면 좋을 것 같아요.

② 영진전문대 반도체시스템과

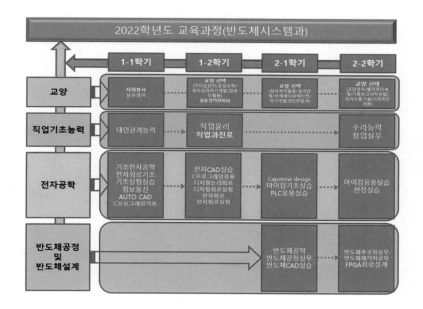

영진전문대의 경우는 전자정보전공, 솔라반도체전공, IT소재전공이 개설되어 있습니다.

학기	1학년 1학기	1학년 2학기	2학년 1학기	2학년 2학기
교육내용	기초공통 교육	전공기초 교육	전공심화 교육	전공실무 교육
전자정보전공	계열공통	ICT전자기술반		
		전자디스플레이반		
		러시아 유학생반		
솔라반도체전공	계열공통	SK하이닉스반		
		반도체기술반		
		반도체공정기술반		
		중국 유학생반		
IT소재전공	계열 공통	첨단전자소재반		
		일본전자반도체반		
		입도선매반(반도체 설계기술반)		

또한 학년별로 전공세분화와 협약반 운영도 운영하고 있습니다.

전공명칭	교육내용	협약반 명칭	주 협약업체	전공명칭	교육내용	협약반 명칭	주 협약업체
전자정보 전공	반도체, 디스플레이 (LCD, OLED), 마이크로프로세서, 로봇, 항공전자정비, 사물인터넷(IoT), 스마트카, 임베디드시스템, 전자정보기기, 이동통신, 정보통신 등의 전자 및 정보통신 분야의 전문가를 양성	삼성 디스플레 이반	삼성디스플레이 / 동우화인켐	솔라반도 체전공	반도체 설계, 반도체 공정기술, 반도체 장비, LED 등의 광소자, 솔라셀 공정, 그린에너지 등의 반도체 및 솔라 분야의 전문가를 양성	SK 하이닉스반	SK hynix / SK하이닉스
		LG 디스플레 이반	LG디스플레이 / LG이노텍			중국반도체 디스플레 이반	SK하이닉스(중국법인)
		LIG 넥스원반	LIG 넥스원			반도체 공정기술반	스테츠칩팩코리아 / 베스트윈
		항공전자 정비반	JSR 마이크로코리아 / KAI(예정)			반도체 후공정 기술반	STS반도체통신 / 하나마이크론
		스마트 카반	B&R코리아 / 제다	IT소재 전공	반도체 소재, 디스플레이 소재, LED 소재, 2차 전지 소재, 전기전자용 부품 등의 IT소재/재료 분야의 전문가를 양성	삼성SDI반	삼성SDI
						일본전자 반도체반	OSP(일본)
						도레이반	도레이BSF / 도레이케미칼

영진전문대의 ICT반도체전자계열은 5가지 계열특성화를 가지고 있습니다.

먼저 대기업주문식협약반을 운영하여 우리가 알고 있는 반도체 전문기업들과 인재주문 협약을 통해 현장실무능력을 갖춘 전문 인력을 양성하고 있어요. '주문식교육'은 영진전문대가 만들어낸 과정으로 학생들이 졸업 후 진출할 산업체로부터 교육 내용과 소요 인력을 주문받아 그 요구에 맞추어 교육을 실시하고 바로 취업시키는 맞춤식 교육제도입니다.

대학은 산업체 현장과 기술 변화에 적응할 수 있는 실무 위주의 교육과정을 개발하고 최신 지식과 기술 교육으로 학생들이 취업 걱정 없이 학업에 전념할 수 있게 프로그램을 제공해요. 기업의 경우는 신입사원 채용 후 실무를 재교육하는 시간과 소요 비용을 절감할 수 있는 이득이 있기 때문에 대학·기업·학생 모두에게 좋은 프로그램이랍니다.

졸업인증제의 경우에는 ICT반도체전자계열 재학생의 전공실무능력을 극대화시키기 위한 1인 1기술 교육 달성을 목적으로, 전공 관련 각종 인증을 획득한 학생에게만 졸업자격을 부여하는 제도예요. 전공능력 분야뿐만 아니라 어학 분야, 해외 연수 수료자, 자격증 취득자 등 다양한 인증 분야가 있습니다.

또한 학생들의 반도체장비이론 및 실습을 위해 SMT(Surface Mounting Technology)와 반도체공정기술센터를 운영하고 있어요. 특히 반도체공정기술센터는 반도체의 전공정(Front End Process)과 후공정(Back End Process)에 필요한 장비를 모두 구비하고 있기 때문에 실무에 필요한 실습이 가능합니다.

SMT : 표면 실장 기술로 표면 실장형 부품을 PWB 표면에 장착하고 납땜하는 기술을 의미한다. IMT는 PWB의 한쪽면에만 모든 부품이 배치되었으나, SMT는 PWB의 양면 모두에 부품을 배치할 수 있다. 요즘은 넓은 의미로 Bare Chip 실장을 포함해 총칭하기도 한다.

국제연계 취업약정형 주문식협약으로 일본, 중국 등의 산업체에도 취업이 가능하기 때문에 학생들의 선택의 폭이 매우 넓습니다.

③ 한국폴리텍대 반도체융합캠퍼스 반도체설계과

교과구분	주요 교과목	교과 내용
전공기초	반도체공학	반도체 이론 및 물성의 이해
	반도체CAD실습	설계툴을 이용한 게이트 설계실습
	반도체회로설계	반도체 소자를 이용한 amp 설계
	PCB설계기초	PCB 이론 및 부품 생성 실습
	집적회로	능동소자 및 수동소자를 이용한 배치 설계
전공필수	반도체공정	반도체 8대공정에 대한 이해 및 실습
	반도체설계실무	기준전압회로 및 연산증폭기 설계실습
	디지털공학	디지털 공학 이론 및 집적화 설계실습
	마이크로프로세서 설계실습	프로세서를 이용한 PCB 회로 설계
	하드웨어 설계실습	하드웨어설계언어를 이용한 집적회로 구현
전공선택	ASIC 설계실습	인공지능 반도체 설계를 위한 Front—end 설계실습
	융합반도체 설계실습	IC설계와 PCB설계를 융합한 시스템 설계
	PCB Artwork 설계실습	초고층 프로브 카드 설계실습
	아날로그레이아웃 설계실습	주파수 변환기/데이터 변환기 응용레이아웃
	디지털레이아웃 설계실습	메모리 구동원리 및 SRAM 설계실습

반도체설계과의 경우는 현장 중심의 반도체 장비설계, CAD, CAM, CAE 기술자를 양성하고 있어요. 위의 교과목에서 확인할 수 있듯이 반도체 장비의 구조와 원리, CAD S/W를 활용한 3D 형상모델링과 제작 도면 작성으로 기계를 설계할 수 있답니다.

또한 폴리텍대 특성에 맞게 **P-TECH**과정을 운영하고 있지요. P-TECH의 경우 젊은 인재를 선점하여 기업의 핵심인재로 양성할 수 있으며, 지속적인 교육훈련으로 참여 학생이 안정적으로 정착할 수 있고, 애

P-TECH : 산학일체형 도제학교 및 직업계고 졸업자 등을 대상으로 폴리텍·전문대 등과 연계하여 실시하는 신기술 중심의 고숙련 기술융합형 훈련과정이다.

사심도 증가하기 때문에 이직률이 감소하고 있습니다.

기업현장교사가 기업맞춤형으로 직접 가르치므로 교육 미스매치를 해소할 수 있고, 하이테크 및 융합형 기술 특성화 교양 등을 가르쳐 참여 학생이 고숙련 기술자가 될 수 있도록 기업 차원에서 지원하고 있어요. 기업이 P-TECH과정을 좋아하는 이유 중 하나는 정부에서 교육에 필요한 훈련비용을 지원하므로 경제적인 부담을 줄일 수 있기 때문입니다.

학생 입장에서는 경제적으로 빨리 자립이 가능하고 일하면서 업무에 필요한 공부를 할 수도 있어요. 일과 학습을 병행해 국가기술자격증을 취득할 수 있는 기회뿐만 아니라 우수학생에게는 독일, 일본 등 단기 해외 기술연수 기회도 선택적으로 제공된답니다.

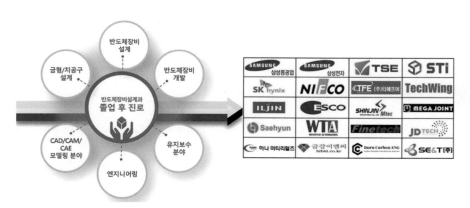

출처 : 한국폴리텍대 반도체융합캠퍼스

④ 연세대 시스템반도체공학과

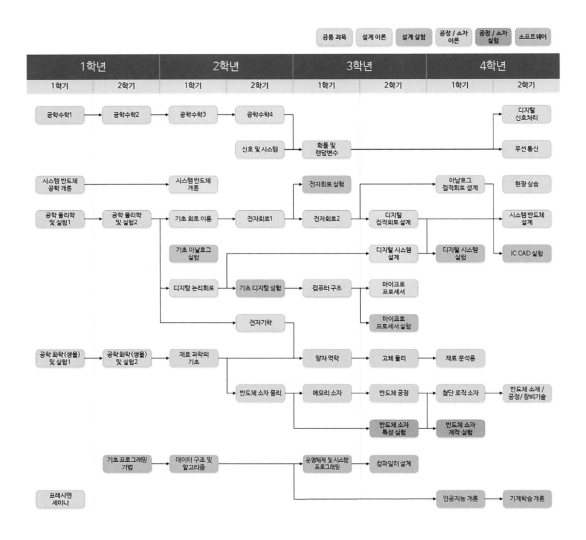

연세대 시스템반도체공학과의 경우는 설계 및 시스템소프트웨어, 재료·공정·
소자 연구 분야가 있습니다.

설계 분야는 시스템반도체를 구성하기 위한 연구를 진행하는 분야로 반도체 칩을 직접적으로 연구하는 회로 설계 분야와 시스템의 구조와 동작 환경을 설계하는 아키텍처의 설계 분야로 나눌 수 있어요. 아키텍처의 설계 분야에서는 저전력·고성능의 디바이스 설계, SoC를 위한 차세대 메모리 구조 연구, 저전력 하드웨어 보안 아키텍처와 같이 시대의 요구에 부합하는 설계 연구를 진행하고 있습니다.

시스템 소프트웨어 분야는 응용 프로그램과 하드웨어 장치 사이에 존재하는 소프트웨어이며 운영체제를 중심으로 컴파일러 등의 개발도구, 각종 라이브러리, 소프트웨어 플랫폼 등이 있지요. 인공지능을 실행하는 하드웨어 아키텍처에 적합한 병렬적 계산 혹은 알고리즘 수행이 이루어지도록 연구하고 있답니다.

재료·공정·소자는 반도체 집적회로의 제조에 사용되는 웨이퍼(단결정으로 구성된 반도체 판) 및 각종 화합물 반도체의 원료, 소자, 공정 과정을 말하며 재료·소자, 공정 분야로 나눌 수 있어요. 공정과정에서 비용 효율은 높으면서도 낮은 소비전력을 가지는 방향으로의 기술을 연구하고 있습니다.

06

반도체공학과를 위한
과목 선택

    2022 개정교육과정에서는 융합선택과목과 진로선택과목으로 세분화되어 자신이 전공하고자 하는 분야에 대해 깊이 배울 수 있도록 선택과목의 폭을 넓혔습니다.

교과	선택과목		
	일반선택	융합선택	진로선택
국어	화법과 언어 독서와 작문 문학	독서 토론과 글쓰기 매체 의사소통	주제탐구 독서 문학과 영상
수학	대수 미적분 I 확률과 통계	실용통계 수학과제 탐구	미적분 II 기하 인공지능 수학 심화수학 I, II 고급수학 I, II
영어	영어 I 영어 II 영어독해와 작문	실생활 영어회화 미디어 영어	영어 발표와 토론 심화영어 심화영어 독해와 작문
사회	사회와 문화 현대사회와 윤리	역사로 탐구하는 현대세계 사회문제 탐구 윤리문제 탐구	도시의 미래 탐구 법과 사회 윤리와 사상 인문학과 윤리

과학	물리학 화학 생명과학 지구과학	과학의 역사와 문화 기후변화와 환경생태 융합과학 탐구 물리학실험 화학실험	역학과 에너지 전자기와 빛 물질과 에너지 화학반응의 세계 과학과제 연구 고급물리학 고급화학
교양	논리학 철학 진로와 직업 논술		지식재산 일반

☑ 반도체공학과를 희망하는 경우 고등학교 때 어떤 과목을 꼭 들으면 좋을까요?

반도체공학을 지원하기 위해서는 수학·과학 교과에 대한 흥미뿐만 아니라 대학에 가서도 깊이 있는 학습이 필요하기 때문에 고등학교 때 수학과 물리학, 화학 등의 과목을 선택하여 학업 역량과 전공적합성을 보여주는 것이 좋아요.

반도체공학의 경우에는 심화수학I/II, 고급수학I/II에서 라플라스변환이나 푸리에변환 등을 배우고 이를 활용하면 반도체 설계를 이해하는 데 도움이 되게 합니다. CPU와 DRAM, MRAM(Magnetic Random Access Memory) 등의 반도체 설계를 하기 위해서는 회로이론에 필요한 미분방정식을 공부하면 많은 도움이 됩니다. 특히, 라플라스변환의 경우는 실제 시스템을 해석하는 데 쓰입니다. 상위권 반도체 공학과에 진학을 희망하는 학생들은 이 과목들을 듣고 배운 내용들을 활용하여 어렵더라도 RLC회로 등을 수식으로 해석하는 과정을 공부해 보는 것도 좋을 것 같아요.

반도체공학에서 물리는 너무도 중요한 과목이에요. 물리학뿐만 아니라 물리학 실험, 고급물리학을 수강하여 깊이 있는 심화학습을 할 수도 있어요. 고체의 에너지 띠 이론을 비롯하여 양자역학을 공부하면서 이론적인 학습뿐만 아니라 물리학 실험을 통해 이공계에 진학했을 때 필요한 실험이나 탐구역량을 키울 수 있어요.

진로선택과목으로 '역학과 에너지', '전자기와 빛' 같은 과목을 이수하면 반도체 원리를 이해하는 데 도움이 될 것입니다. 과학에서 선택해야 되는 과목이 너무 많은 것 같다고요? 어차피 대학에 가면 다 배우는 과목이니 미리 공부하는 것을 추천해요.

07

반도체공학 관련
재미있는 탐구활동

① 마이크로 비트로 스마트워치 탐구

마이크로 비트(https://microbit.org)는 자체 나침반 센서, 온도센서, 가속도 센서, 블루투스 등을 내장하고 있어 추가적인 부품을 사용하지 않고도 스마트폰 및 스마트 기기와 연동할 수 있습니다. 또한 마이크로파이썬을 통해 스마트워치를 만들어 볼 수 있습니다.

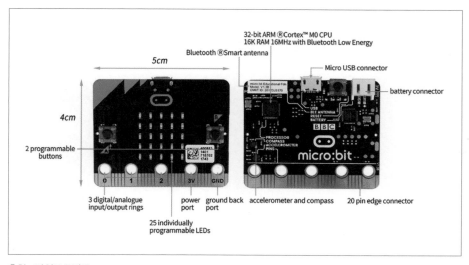

출처 : 바이크로비트

→ 마이크로 비트를 케이블로 컴퓨터에 연결하여 코딩하여 탐구하기

기사명		관련 영역	
주제명			
읽게 된 동기			
탐구 내용			
느낀 점			
추후 심화 활동			
학생부 브랜딩			

② 달걀 표면의 레이저 각인법 탐구

봉인(封印, seal) : 밀봉해서 감춘다는 의미를 말한다.

에그퓨전이라는 회사는 봉인 이산화탄소 펄스 레이저(Pulsed sealed carbon-dioxide laser)를 이용하여 달걀 껍질에 생산일자를 새깁니다. 이 레이저는 달걀껍질의 5~8%를 제거하여 그 껍질의 구조적 무결성을 유지하며, 달걀을 가열하지 않기 때문에 달걀 내부를 굽는 것이 아닙니다. 기존의 레이저를 활용하는 방법과 비교해 볼 수 있습니다.

→ 레이저 식각 장비를 활용하여 탐구하기

기사명		관련 영역	
주제명			
읽게 된 동기			
탐구 내용			
느낀 점			
추후 심화 활동			
학생부 브랜딩			

③ 트랜지스터 증폭과 스위치 탐구

코일을 감은 스피커에 전압을 달리하는 방법과 센 자석을 이용하는 방법으로 소리의 증폭 기능을 확인할 수 있습니다. 트랜지스터 원리를 이용하여 마찰전기로 검전기를 제작해 보면서 스위치 기능을 확인할 수 있습니다.

→ 트랜지스터를 잘 이해하지 못하는 학생들을 위해 직접 제작해 보면서 이를 이해할 수 있는 방법 탐구하기

참고: 고등학교에서 수행할 수 있는 트랜지스터 증폭 실험 개발(홍준희, 김중복)_한국교원대

기사명		관련 영역	
주제명			
읽게 된 동기			
탐구 내용			
느낀 점			
추후 심화 활동			
학생부 브랜딩			

반도체 설계로
초고성능
M1반도체로의 진화

01

반도체 자체 설계의 장점

글로벌 빅테크 기업들은 반도체 칩(Chip)을 자체 설계하고 있어요. 인텔, 엔비디아, 애플, 구글, 테슬라 등 칩셋 제조사의 범용 칩셋에서 벗어나 자체적으로 반도체 설계에 나서면서 서비스, 제품 최적화에 나서고 있지요. 특히, 애플 M1 프로세서가 대표적입니다.

출처 : M1 프로세서_애플

ARM 아키텍처를 활용해 애플이 자체 개발한 M1 프로세서는 강력한 성능으로 모바일뿐만 아니라 맥북, 아이맥까지 큰 인기를 얻으면서 노트북PC 시장에서 애플의 위상을 크게 끌어올리고 있지요. M1보다 최대 70% 향상된 성능을 제공하는 M1프로, M1맥스를 선보여 자체 설계 칩 개발 가속화에 힘을 싣고 있습니다.

구글은 확대되고 있는 인공지능(AI/ML) 기능을 위해 텐서 칩을 개발하면서 스마트폰의 AI/ML 기능이 한층 강력해져 스마트폰을 더 똑똑하게 만들고, 사용자 경험을 높여가고 있습니다. 구글 또한 크롬북에서도 자체 개발칩을 탑재하고 있어요.

출처 : 모바일AP '텐서'_구글

02

반도체 설계 기술의
패러다임 변화

국내 플랫폼 기업들은 인공지능을 다양한 사업에 적용해 확장시키고 있습니다. 플랫폼 사업에서의 성공과 환경변화에 대응하기 위해서는 소비자가 원하는 서비스를 제공해야 합니다. 따라서 기존에 개발된 칩을 활용하기보다는 자체적으로 설계할 필요성이 대두되었지요.

아마존의 인공지능 음성 비서 알렉사와 구글 어시스턴트의 출시로 삼성전자도 빅스비로 음성 기반 사용자 환경(User Interface)을 접목하여 사용자가 원하는 정보를 빠르게 제공하도록 하기 위해 빅데이터를 연동하여 인공지능도 함께 발전하게 되었습니다.

이렇게 복잡한 일을 수행하기 위해서 기존에 개발된 프로그래밍을 레고 블록을 짜 맞추듯 회사에 필요한 기능만을 추가하여 효율을 극대화하는 방향으로 발전하게 되었어요. 예를 들어 스마트폰 반도체 설계자의 경우는 베이스밴드, CPU, 디지털 시그널 프로세서, GPU, 메모리, 카메라 등의 블록을 다양하게 조합하여 시스템 온 칩(System on chip)을 설계했습니다. 그 결과 이전보다 원하는 반도체를 쉽게 설계할 수 있게 되어 팹리스 반도체 회사가 생겨나게 되었으며, 팹리스 기업은 설비투자의 부담을 떠안지 않고 설계의 차별성으로 기업을 운영할 수 있게 되었답니다.

☑ 자체 개발을 할 경우 어떤 장점이 존재하나요?

첫 번째 장점은 자체 개발을 통해 비용을 절감할 수 있다는 장점이 있어요. 더욱이 반도체 설계와 관련된 설계 라이브러리, 설계 자동화 소프트웨어 등을 제공하는 전문업체들이 있어 구글이나 아마존과 같은 소프트웨어 업체도 이러한 전문업체들의 기술을 활용하여 반도체 자체 개발이 가능해졌습니다. 예를 들어 ARM의 설계 라이브러리를 사용하여 애플 M1을 만들 수 있었어요.

두 번째 장점은 주력 제품 및 서비스 개발 일정 관리가 용이합니다. 주력 제품 및 서비스 개발을 외부 반도체 전문업체에 맡길 경우 외부 업체의 개발 지연이나 실패에 영향을 받을 수 있는데 자체 개발하면 이러한 악영향으로부터 자유로울 수 있고, 스스로 개발 일정을 유연하게 관리할 수 있다는 장점이 있습니다.

세 번째 장점은 반도체를 자체 설계할 경우, 보안 관련된 서비스를 능동적으로 대처할 수 있습니다. 2017년 인텔의 CPU는 멜다운 버그의 발견으로 보안상의 취약점이 드러나 클라우드 업체들로부터 신뢰를 잃고 아마존에서 밀리게 되었답니다.

마지막으로 미래 기술을 다른 기업보다 먼저 확보할 수 있어요. 특히, 인공지능이 화두로 떠오르면서 더욱 편리하면서 성능이 우수한 인공지능 서비스를 제공하기 위해 '뉴럴 엔진(Neural engine)'을 제공하는 업체에 사용자들이 이동하기 때문에 새로운 기술을 확보하기 위해 노력하고 있답니다.

> **뉴럴 엔진** : 이 칩은 컴퓨터가 다양한 데이터를 분석해 스스로 인지·추론·판단하는 '딥러닝' 알고리즘을 지원한다. 회사측에 따르면 가전제품들이 가상의 데이터 저장공간인 클라우드에 연동돼 음성 서비스와 같은 AI 기능을 제품 내부에서 구현한 획기적인 기술이라고 한다.

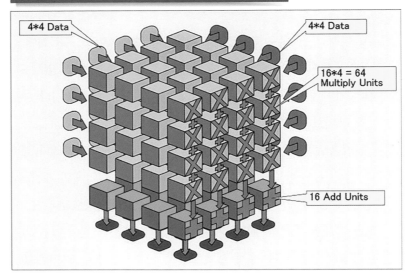

NVIDIA Volta Tensor Core

4*4 Data

4*4 Data

16*4 = 64
Multiply Units

16 Add Units

출처 : 신경망 텐서 코어를 장착한 NVIDIA 볼타_고토 히로시게(2017)

03

반도체 자체 설계의 필요성

반도체 산업은 21세기 첨단 산업으로서 세계 과학기술 흐름을 주도하는 정보화의 기간산업 중 하나입니다. 반도체 기술은 비약적으로 발전하여 하나의 칩에 수천만 개 이상의 소자를 설계하는 것이 보편화될 정도로 반도체 배치 설계 자체가 매우 복잡해지고 있으나 오히려 설계 기간은 단축되어 가고 있습니다.

반도체 집적회로의 제조과정은 통상적으로 "특정기능을 위한 시스템설계→기능실현의 논리회로설계→논리실현의 전자회로 설계→회로의 공간적 배치설계→제조공정→시험검사"의 순서로 진행됩니다. 이중에서 회로의 배치설계는 안타깝게도 특허권으로 보호되지 못하는 경우가 많아요.

'배치설계권'은 특허권과 저작권의 중간적 성격을 지니고 있다고 볼 수 있으며, 외국에서는 '산업저작권(Industrial Copyright)'이라고도 불립니다. 즉, 배치설계권의 성격으로 보면, 배치설계권의 불법복제 등 침해

> **배치설계권** : 집적 회로 설계도에 대한 지식 재산권이다. 대한민국에서는 10년간 보호한다.

는 반도체산업에 큰 영향을 미치므로 산업의 발전을 위해서는 배치설계를 산업재산권의 일종으로 보호해요. 반도체 제품의 특성상 라이프 싸이클이 짧기 때문에 보호기간은 비교적 단기간인 10년으로 제한하고, 그 권리를 보호하고 있답니다.

배치설계권의 일차적 보호대상은 일종의 설계도면이며, 등록으로 권리가 발생한다는 점에서는 저작권적 성격을 지니고 있지요. 또한 기존 배치설계도면을

재사용 가능하기에 설계 시간은 더 짧아지면서 회사의 특징에 맞는 반도체를 설계할 수 있기에 자체 설계를 하고 있답니다.

반도체 집적회로의 배치 설계에 관한 법률

구분	특허법	저작권	등법
목적	• 발명의 보호 및 이용도모/기술 발전의 도모 • 산업발전	• 저작자의 권리 보호/문화의 항상발전	• 배치설계 창작자의 권리보호/반도체 관련산업과 기술의 진흥
보호 대상	• 자연법칙을 이용한 기술적 사상의 창작	• 문학, 학술 또는 예술적 창작물 • 아이디어의 표현	• IC를 제조하기 위한 각종 회로소자 및 연결도선의 배치설계
권리	• 실시권 　– 물건의 발명 　– 방법의 발명	• 저작인격권 • 저작재산권 및 저작인접권	• 이용권 　– 배치설계 　– 배치설계에 의해 제조된 IC 　– IC내장 제품
발생	등록(실체심사)	창작(무심사)	등록(방식검사)
등록	• 실체심사 후 등록 　– 신규성, 진보성 　– 산업상 이용성 • 권리발생 요건임	• 무심사주의 • 등록은 제3자에의 대항 요건	• 방식심사 후 등록 • 창작성은 무심사 • 권리발생 요건임
존속 기간	• 출원일부터 20년	• 저작재산권은 생존기간 및 사망후 50년 • 저작인격권은 저작자 일신 귀속	• 설정등록일부터 10년

출처 : 반도체집적회로 배치설계신지식재산권(cheric.org)

04

전자공학 계약학과

구분	학교명
고등학교	경기기계공고 컴퓨터전자과(서울 노원구)
	경북기계공고 자동화시스템과(대구 달서구)
	경진고 컴퓨터전자과(경남 진주시)
	계산공고 컴퓨터정보전자과(인천 계양구)
	공주마이스터고 전기전자과(충남 공주시)
	광운전자공고 컴퓨터전자과(서울 노원구)
	광주자동화설비공고 자동화설비과(광주 광산구)
	금정전자고 전자컴퓨터과(부산 금정구)
	동일공고 디지털전자제어과(경기 평택시)
	서울아이티고 컴퓨터전기전자과(서울 노원구)
	세경고 디지털정보전자과(경기 파주시)
	송파공고 모바일전자과(서울 송파구)
	수원정보과학고 컴퓨터전자과(수원시 영통구)
	창원기계공고 컴퓨터전자과(창원 성산구)
	청주하이텍고 자동화시스템과(청주 서원구)
	한양공고 디지털전자과(서울 중구)
전문대학	인덕대 컴퓨터전자공학과(서울 노원구)
	경기과기대 전자공학과(경기 시흥시)
	구미대 전자통신컴퓨터공학부(경북 구미시)
	두원공대 디스플레이전자과(경기 안성시)
	영진전문대 AI전자과(대구 북구)
	연암공대 스마트전기전자공학과(경남 진주시)

전문대학	울산과학대 전기전자공학부(울산 동구)
	인하공전 전자공학과(인천 남구)
	한국폴리텍 대구캠퍼스 스마트전자과
	한국폴리텍 부산캠퍼스 스마트전자과
	한국폴리텍 홍성캠퍼스 스마트자동화시스템
	한국폴리텍 광주캠퍼스 자동화시스템
	한국폴리텍 울산캠퍼스 자동화시스템

전자공학의 경우 인간의 삶을 편리하게 해주는 제품이나 장치 전반 즉, 전자, 전기, 통신, 반도체, 컴퓨터, 자동차, 항공, 생명공학, 화학, 조선 등 공학의 전 분야에 걸쳐 응용되고 있기 때문에 많은 인력이 필요합니다.

경기기계공고는 대한민국을 넘어 아시아 최대 규모의 공업계 고등학교입니다. 컴퓨터 전자과는 IT산업 인재 육성을 목표로 현재 중소벤처기업부 지원 인력양성 사업, 해외(프랑스, 일본) 교환학생 운영 사업, 교육부 선정 혁신 지원 사업을 운영하고 있어요. 또한 산학일체형 도제학교 운영 사업, 맞춤형 기술 전수로 명장을 키우는 특성화고 명장공방사업, 직업계고 학점제 연구학교 운영 등을 선도적으로 실시하고 있답니다.

경기기계공고는 군 특성화 로드맵을 갖추고 있는데, 네트워크 통신과에서 관련 자격증을 취득하고, 3학년 군부대 현장실습 기회를 제공하고 있습니다. 군 특성화 체험활동으로 지상군페스티벌, 병역체험, 안보 교육 현장 견학을 할 수 있으며, 자격을 갖춘 학생에게는 군 특성화 장학금을 지급하고 있지요. 또한 졸업 후에는 전문병으로 병역 의무를 하며 이후 전문하사로 근무할 수 있기 때문에 고등학교 졸업과 동시에 기술부사관으로 병역과 취업까지도 할 수 있답니다.

창원기계공고 컴퓨터전자과는 학비 전액 면제뿐만 아니라 학생들에게 매년 1억 원 상당의 장학금을 지원하고 있습니다. 다양한 국가정책 사업 및 취업지원 사업도 탄탄하기 때문에 대기업뿐만 아니라 공무원, 공기업, 기술부사관, 해외인턴십 등 유수의 기업에 해마다 많은 학생이 취업하고 있어요. 학교·학생·기업 3자 간 취업·채용 협약을 맺은 후 학교 내 강의·실습과 기업현장 실무교육을 병행해 중소기업이 요구하는 맞춤 교육 실시 후 채용을 연계하는 프로그램을 운영해요. 올해에만 50개 기업으로부터 104명의 취업 약정을 맺었지요. 학생들은 기업 직무분석에 따른 120시간 맞춤식 교육 후 취업을 할 수 있답니다.

여기에 소개된 고등학교 외에도 각 학교에서는 현장 맞춤식 교육과정과 실무교육들을 진행하고 있어요. 폴리텍 대학과 전문대 전자공학 계약학과 과정은 다음 장에서 살펴보겠습니다.

05

전자공학과 교육과정

① 인덕대 컴퓨터전자공학과

1학년	2학년	3학년
정보능력향상 전기자기학 프로그래밍 디지털회로실험 컴퓨터구조 전자장론 디지털시스템개론 C언어활용 전자개론 전자회로실험	프로그래밍언어실습 전자통신시스템 마이크로프로세서 실습 자동제어실습 PCB설계 디지털회로실험 통신회로설계 전자회로해석실습 컴퓨터구조	디지털신호처리실습 스마트장치SW기초 시제품제작실습 임베디드시스템개발 창업과 진로 스마트장치SW활용 하드웨어개발실습 스마트기기개발

인덕대 컴퓨터전자공학과의 경우 학년별 진로커리어맵이 잘 짜여 있는 학교입니다.

	1학년 1학기	1학년 2학기	2학년 1학기	2학년 2학기	3학년 1학기	3학년 2학기	졸업생
학년별 목표	진로탐색		진로설계	역량강화		취업실행	Job 매칭 경력관리
	• 자기이해 (경험, 강점정리) • 대학생활적응, 자기주도학습			전공 및 직업세계 이해	취업준비 (자소서/면접 클리닉)		
				진로선택 및 직무능력개발 (경험쌓기, 자격증 취득, 직무교육 이수)			

본 학과는 전자응용기기개발자와 스마트장치개발자를 양성하고 있습니다. 또한 본 학과는 취업을 위한 다양한 비교과 프로그램들이 개설되어 있어요. 학과 평생지도교수(매 학기 3회 이상) 및 대학일자리센터/학생상담센터 전문 컨설턴트(매 학기 1회 이상)와 주기적으로 진로 지도 상담을 받을 수 있지요. 그리고 저학년부터 산업과 직무에 관련된 진로 계획을 미리 설정하고, 전공영역의 업무 경험(현장실습, 청년취업아카데미 인턴십 등)으로 실무능력을 키울 수 있어 많은 경험 후 취업이 가능합니다.

전자산업기사 자격증을 취득 후 반도체 및 LCD 생산업체에 많은 학생이 취업하고 있습니다.

〈컴퓨터 및 전자공학과 커리어로드맵〉

구분	내용	1학년	2학년	3학년
자격증	컴퓨터활용능력	○		
	전자산업기사		○	○
	전기산업기사		○	○
	전자계산기제어산업기사		○	○
	정보처리산업기사		○	○
전공	전공 전시회 참가		○	○
	전공동아리 활동	○	○	○
비교과	비즈니스 문서 작성법	○	○	○
	프리젠테이션 스킬 자격증	○	○	○
	자소서/면접 역량강화		○	○

출처 : 인덕대 컴퓨터전자공학과

② 두원공과대 디스플레이전자과

1학년	2학년	3학년
컴퓨터활용기초 기초회로 회로제작 및 측정 아두이노 실습 오토캐드실습 고급 컴퓨터활용 3D설계 전자회로 디지털공학 C언어	OA실무 전산데이터관리 기초디스플레이공학 응용전자회로 마이크로컨트롤러 순서논리회로 제조공정기술 전자캐드기초 PLC입문 센서회로 마이크로컨트롤로 활용	가상현실 기초 전자캐드 응용 자동화제어실무 마이크로프로세서 실무 사물인터넷 반도체공학 공학문제해결 가상현실 실무 현장실습

본 학과는 3년제인 디스플레이전자과와 4년제 학사 학위 취득을 위한 전공 심화 과정인 디스플레이 전자공학과로 구성되어 학생들의 선택의 폭을 넓힐 수 있는 교육과정을 운영하고 있어요.

디스플레이전자과는 첨단 반도체 제조 장비 실습실, 클린룸, 디지털 실습실, 마이컴 실습실, 아날로그 실습실, PLC 실습실, 컴퓨터실습실 외에도 최신의 강의시설과 인프라를 구축하여 학생들에게 최상의 수업 환경을 제공하고자 노력하고 있습니다. 다른 학교와 달리 전공동아리가 9개나 있어 본인의 진로에 맞는 활동들을 하면서 적극적인 캠퍼스 생활을 할 수 있답니다.

반도체·디스플레이 관련 LGD, LG전자, 삼성전자, LG 이노텍, ASE Korea 등 대기업에 취업을 많이 하고 있습니다.

③ 영진전문대 AI전자과

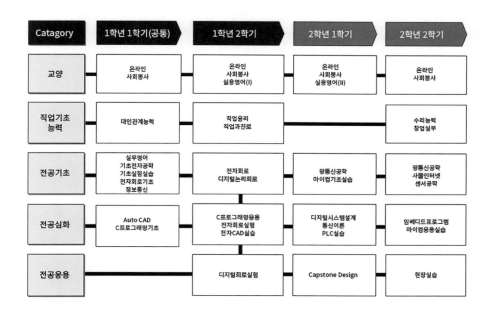

Catagory	1학년 1학기(공통)	1학년 2학기	2학년 1학기	2학년 2학기
교양	온라인 사회봉사	온라인 사회봉사 실용영어(I)	온라인 사회봉사 실용영어(II)	온라인 사회봉사
직업기초 능력	대인관계능력	직업윤리 직업과진로		수리능력 창업실무
전공기초	실무영어 기초전자공학 기초실험실습 전자회로기초 정보통신	전자회로 디지털논리회로	광통신공학 마이컴기초실습	광통신공학 사물인터넷 센서공학
전공심화	Auto CAD C프로그래밍기초	C프로그래밍응용 전자회로실험 전자CAD실습	디지털시스템설계 통신이론 PLC실습	임베디드프로그램 마이컴응용실습
전공응용		디지털회로실험	Capstone Design	현장실습

영진전문대 전자정보 계열에 AI전자과가 개설되어 있습니다. 주문식 교육협약반 (AI전자협약반) 운영으로 산업체 주문에 의한 맞춤형 교육을 실시하여 대기업 취업률이 높으며, 현장에 바로 적용이 가능한 실무형 교육을 실시하고 있어요. 또한 일본 전자 및 반도체 분야 취업을 위한 일본전자 반도체반과 반도체 공정 분야 협약 산업체 취업을 위한 사회 맞춤형반을 운영하고 있답니다.

다양한 전공 무료교육을 통해 학생들의 스펙을 업그레이드할 수 있습니다. 경북대학교 반도체공정교육을 받을 수 있고, Microsoft Office Specialist, 한국생산성본부 CAD실무 능력평가도 가능해요. 이렇게 실무 능력을 갖춘 학생들은 반도체·디스플레이·솔라셀 관련 업체인 SK하이닉스, LG디스플레이, 삼성디스플레이, SK실트론, 한화큐셀, 현대에너지솔루션 등에 취업이 가능합니다.

④ 울산과학대 전자 및 통신전공

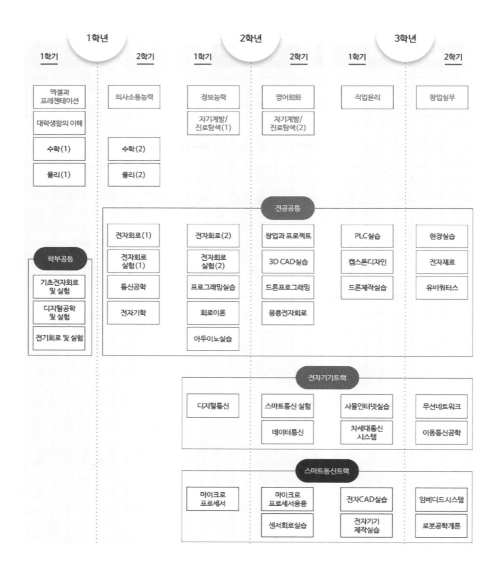

울산과학대 전자 및 통신전공학과는 IoT(Internet of Things), RFID, 센서 네트워크 등 통신장비 제작 및 네트워크 운용 유지 보수를 위한 스마트 통신 트랙과

마이크로프로세서를 기반으로 전자회로 설계 및 제작을 위한 전자기기 트랙 운영을 하고 있어요. 울산에 위치한 현대중공업 및 지역 중소기업 등과 인턴십 교육과정 운영을 통한 관련 산업체 취업 기회를 제공하기 때문에 다른 학교에 비해 많은 경험을 할 수 있답니다.

교육과정의 전문성을 위하여 마이스터, 인턴십, 전문가 교육과정, 삼성반도체 트랙반을 별도로 운영하여 질적인 교육 환경을 제공하고 있어요. 임베디드시스템 실습 장비, 이동통신 실험 장비 등의 고가 첨단 장비를 다수 보유하고 있으며, 현대중공업, 삼성전자, LG디스플레이, SK하이닉스, 포스코, S-oil 등 대기업에 취업이 가능합니다.

06

전자공학과를 위한 과목 선택

2022 개정교육과정에서는 융합선택과목과 진로선택과목으로 세분화되어 자신이 전공하고자 하는 분야에 대해 깊이 배울 수 있도록 선택과목의 폭을 넓혔습니다.

교과	선택과목		
	일반선택	융합선택	진로선택
국어	화법과 언어 독서와 작문 문학	독서 토론과 글쓰기 매체 의사소통	주제탐구 독서 문학과 영상
수학	대수 미적분I 확률과 통계	실용통계 수학과제 탐구	미적분II 기하 인공지능 수학 심화수학I, II 고급수학I, II
영어	영어I 영어II 영어독해와 작문	실생활 영어회화 미디어 영어	영어 발표와 토론 심화영어 심화영어 독해와 작문
사회	사회와 문화 현대사회와 윤리	역사로 탐구하는 현대세계 사회문제 탐구 윤리문제 탐구	도시의 미래 탐구 법과 사회 윤리와 사상 인문학과 윤리
과학	물리학 화학 지구과학	과학의 역사와 문화 융합과학 탐구 물리학실험 화학실험	역학과 에너지 전자기와 빛 물질과 에너지 행성우주과학 과학과제 연구 고급물리학

교양	논리학 진로와 직업 논술		지식재산 일반

☑ 전자공학과를 희망하는 경우 고등학교 때 어떤 과목을 꼭 들으면 좋을까요?

전자공학의 경우는 진로에 대한 선택의 폭이 넓기 때문에 많이 선호하는 학과입니다. 대학에서는 다른 학과에 비해 많은 인원수를 모집하기 때문에 전략을 잘 세우면 생각보다 좋은 대학 진학도 가능합니다.

전자공학의 꽃이 수학이라는 것은 알고 있죠? 그렇기 때문에 미적분 I, II와 심화수학 I, II 그리고 고급수학 I, II 등 자신의 역량에 맞는 내용까지 최대한 많이 이수하는 것을 추천해요. 전자공학과에서는 대학2, 3학년 때 가장 기초적인 과목으로 전자기학, 전기회로, 전자공학을 배웁니다.

인공지능 수학! 전자공학에서는 참 매력적인 과목이에요.

4차 산업혁명에 필요한 빅데이터는 모두 '0'과 '1'의 2진수의 디지털 신호로 표시된다는 건 누구나 다 아는 사실이죠. 특히 인공지능을 위한 알고리즘 계산도 컴퓨터 내에서 디지털 신호 계산으로 이루어지고 있어요. 신경세포(Perceptron)에서의 덧셈, 곱셈 작업도 모두 디지털 계산으로 구현되고 있고, 이런 데이터 전송을 위한 광통신 네트워크, 무선통신도 모두 디지털 신호 전송으로 수행되기 때문에 텍스트 자료를 표현하는 인공지능 수학은 전자공학이 아니라 모든 공학도에게 필요한 과목입니다. 이 외에도 물리학이나 물리학 실험, 고급물리학 등을 듣는 것도 추천합니다.

07

전자공학과 관련
재미있는 탐구활동

① 브레드보드를 이용한 회로 설계 탐구

저항의 직렬연결과 병렬연결 시 저항값의 변화나 전구의 빛의 세기 등을 눈으로 확인할 수 있도록 회로를 설계하고 연결하면서 이를 탐구할 수 있습니다.

→ 학교에 있는 브레드보드를 활용하여 전지의 직렬 및 병렬연결, 전구의 직렬 및 병렬연결, 저항의 직렬 및 병렬연결하여 그 변화를 탐구하기

기사명		관련 영역	
주제명			
읽게 된 동기			
탐구 내용			
느낀 점			
추후 심화 활동			
학생부 브랜딩			

② 디지털-아날로그 변환 탐구

아날로그 신호를 디지털로 변환하게 되면 손실되는 것이 많은데 이때 손실되는 것을 최소화할 수 있는 방법과 디지털을 아날로그로 변환할 때 Nyquist-Shannon 샘플링을 통해 출력을 복구할 수 있는 방법을 탐구할 수 있습니다.

→ 성능이 좋은 음성 이어폰과 스피커의 특징이 무엇인지 알아보면서 신호 변환에 대해 탐구하기

기사명		관련 영역	
주제명			
읽게 된 동기			
탐구 내용			
느낀 점			
추후 심화 활동			
학생부 브랜딩			

③ 노이즈캔슬링 원리 탐구

 능동형과 수동형 노이즈캔슬링이 있는데, 학교에서 쉽게할 수 있는 수동형으로 스피커 2개의 위상을 반대로 하여 노이즈캔슬링 원리를 탐구할 수 있습니다.

→ **주변 소음을 줄여주면서 집중할 수 있는 노이즈캔슬링 원리 탐구하기**

기사명		관련 영역	
주제명			
읽게 된 동기			
탐구 내용			
느낀 점			
추후 심화 활동			
학생부 브랜딩			

반도체 패키지와
패키지 기판

01

반도체 패키징 기술의 활용

패키징 : 집적 회로를 외부로부터 보호하기 위해 적합한 매개물로 싸는 것을 말한다.

반도체 집적도 향상을 위해 초미세 공정을 합니다. 미세한 반도체를 보호하고 연결 기능을 향상시키기 위해 반도체 후공정 기술인 패키징에 관심이 높아지고 있어요.

반도체 패키징 기술은 단순하게 여러 칩을 하나로 통합하는 형태에서 벗어나 동종 및 이종 기술의 융복합화를 진행하고 있지요.

반도체 기술 중 웨이퍼에 반도체 회로를 구현하는 공정이 날마다 발전하면서 현재는 소자 간 간격 축소 및 다단으로 쌓아서 성능 및 집적도를 개선하고 있답

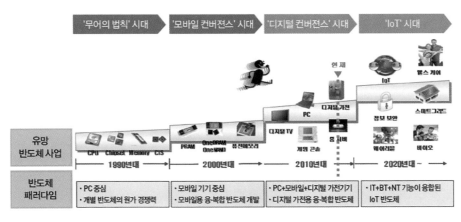

출처 : 반도체 패키징 공정기술의 이해와 전망_전북테크노파크

니다. 이런 노력에도 불구하고 3nm 이하의 반도체 공정을 위해 기존 3차원에서 4차원으로 반도체 성능을 향상시키고자 반도체 패키징 기술을 향상시키고 있습니다.

반도체 패키징 기술은 단순하게 여러 칩을 하나로 통합하는 형태에서 벗어나 자동차, 에너지, 의료, 환경 분야로 융합이 진행되어 보다 편리하고 쾌적한 생활 문화를 창조할 수 있는 기술로 발전하고 있습니다.

여기에 대용량, 고속의 동영상 코딩, 그래픽, 프로세서, 메모리 혼합구조, 통신, HMI(Human Machine Interface), 임베디드 소프트웨어 등 다양한 기술이 통합되어 "Solution on a Chip" 형태로 진화하고 있어요.

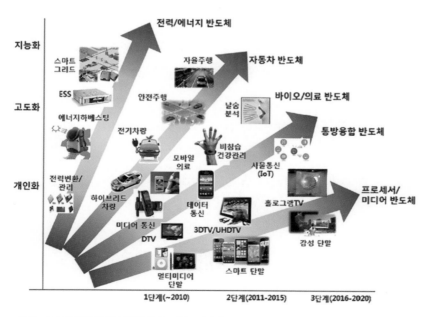

출처 : 시스템 반도체 기술발전 전망_KEIT, 전북테크노파크

02

반도체 패키징 기술의 발전

"왜 반도체를 패키징 해야 할까요?"

가장 큰 목적은 반도체 칩에 필요한 전원 공급, 반도체 칩과 메인 PCB 간의 신호 연결, 반도체 칩에서 발생되는 열 방출, 반도체 칩을 외부의 습기나 불순물로부터 보호하는 기능을 해요.

FCB(Flip Chip Bonding)에서 앞으로 자체 칩 생산을 확대하면서 FC-BGA 반도체 기판 공급이 늘어나게 되었어요. 대표적으로 애플의 M1 칩은 컴퓨터 구동에 필요한 여러 칩을 하나로 묶은 시스템온칩(SoC)에 FC-BGA 기판을 활용하여 기존보다 빠르고, 성능이 향상된 기능을 수행하는 반도체를 설계 및 운영할 수 있게 되었습니다. 그래서 아이폰뿐만 아니라 아이패드, 맥북, 아이맥에 이르기까지 M1 칩이 적용되었어요.

시스템온칩 : 한 개의 칩에 완전 구동이 가능한 제품과 시스템이 들어 있는 것을 말한다. 컴퓨터가 명령어를 처리하기 위해 필요한 모든 하드웨어 컴포넌트를 하나의 칩에 포함하고 있는 데 비해, SoC는 그 컴퓨터와 필요한 모든 부수적인 전자 부품들을 포함한다.

Flip Chip : IC 칩이나 MEMS(Micro Electro Mechanical Systems)와 같은 반도체 기기들을 상호 연결하기 위해 사용되며, 칩 패드 위에 외부 접속 단자인 범프(bump)를 이용하여 I/O 단자를 접속시키는 방법이다.

Flip Chip 본딩 패키지는 칩 위의 패드와 PCB를 연결하는 방법으로 와이어 본딩을 했을 때보다 전기적 특성이 좋고, 와이어 본딩 루프의 높이를 낮출 수 있어 좁은 면적에 집적도를 높일 수 있어요. Flip Chip 본딩 방식은 전체 표면을 전기적 연결 통로로 사용할 수 있어 입출력 단자의 수를 늘릴 수 있는 장점이 있습니다. 그래서 DRAM 등의 메모리 소자와 Flash 메모리의 패키지에 사용되고 있답니다.

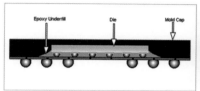

출처 : FCB 패키징 구조_전북테크노파크

유연 패키지 기술(Flexible Package)은 휘어지거나 접을 수 있는 전자 제품에 대한 요구가 증가하고 있어 실리콘 소자를 80μm 이하로 얇게 만들어 자유자재로 휘어지는 메모리를 만들어낼 수 있는 기술을 말해요. 의류 및 신발 등 웨어러블(Wearable) 제품에 적용할 수 있는 장점이 있어요.

반도체 패키지는 일반적으로 실리콘 칩과 기판, 금속선(범프), 솔더볼(리드프레임), 몰딩 컴파운드, 접착제 등으로 구성되어 있습니다.

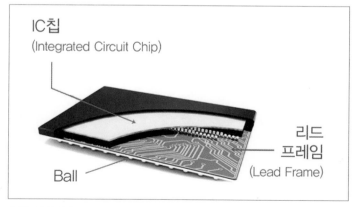

출처 : 삼성전자

① 기판(Substrate)

반도체 칩을 담는 용기이며, 칩과 메인 PCB 간 전기적으로 연결하는 통로 역할을 하며 절연층 위에 전기적 신호를 전달할 수 있는 도체를 배열한 구조입니다.

② 금속선(Metal Wire)

반도체 칩과 기판 사이를 연결해주는 금속선으로, 주로 금(Au)이나 구리(Cu) 등이 사용됩니다.

③ 솔더볼(Solder Ball)

기판과 메인 PCB를 연결해주는 것을 말하며 솔더볼이 사용되기 이전에는 리드프레임이 사용되기도 했습니다.

④ 몰딩 컴파운드(Molding Compound)

제품 최종성형 및 부품고정을 위해 세라믹, 금속, 플라스틱 등이 사용되는데, 현재는 값이 저렴한 플라스틱이 주류를 이루고 있습니다.

03

반도체 패키징 기술의 필요성

반도체 패키징이 필요한 이유는 전기적인 연결이라는 관점에서 볼 때, 반도체 칩과 전자제품 메인보드의 회로 폭에 차이가 있어도 전자제품이 원활하게 동작할 수 있도록 연결시켜주는 과정이 필요하기 때문입니다. 반도체 칩을 회로 위에 바로 장착할 수 없으므로 상호 간의 회로 폭 차이를 완충시켜 줄 수 있는 역할을 하는 것이 바로 '반도체 패키징'입니다.

과거 융합 제품에는 여러 기능을 가진 다수의 부품을 단일 반도체로 집약하기 위한 SoC(System-on-chip) 기술을 적용하였으나, 오랜 개발 기간, 높은 비용, 낮은 수율, 다품종 소량생산 구현의 어려움 등 수요가 높은 시스템반도체 산업에 적합하지 않았습니다. 반면, SiP(System in Package) 기술은 이미 제작된 개별 블록을 크게 변경하지 않고 단일 패키지로 통합이 가능하여 제조공정에 대한 의존성을 낮추고, 효과적인 패키징이 가능하다는 장점이 있습니다.

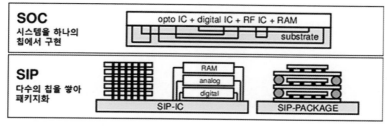

출처 : SoC방식과 SiP 방식의 비교_IEEE, ECTC, 전북테크노파크

SiP 기술은 개별 칩·부품을 제작하는 SoC 기술과 시스템 통합 기술이 종합된 방식으로 기존에 개발해 놓은 개별 칩의 설계를 큰 변경 없이 활용 가능하며, 다양한 제품에 적용하기 좋은 장점이 있어요. 이는 다품종 소량생산에 적합하며, 제조공정이 서로 다른 여러 칩을 단일 패키지로 통합 가능한 장점을 바탕으로, 모바일, IoT, 웨어러블, 의료, 자동차, 통신 등 다양한 시장에 활용 가능하다는 특징이 있어요. 그래서 반도체 패키징 분야에 대한 연구가 증가하고 있답니다.

(단위 : 백만원)

부처명	사업명	기간	사업내용	예 산	
				'20년	'21년
다부처	차세대지능형반도체기술개발 (소자, 과기정통부) (내역: 집적검증기술개발)	'20년 ~ '23년	조기상용화 가능한 신소자 개발 및 IP 확보를 위한 웨이퍼 레벨 신소자 집적/검증기술 개발	3,000	8,250
	차세대지능형반도체기술개발 (설계·제조, 산업부) (내역: 반도체제조공정장비)	'20년 ~ '26년	반도체 제조 공정의 고집적화 (10nm이하)에 따른 반도체 장비, 핵심 부품 개발 및 제조 공정 기술 개발	17,365	22,579
과기정통부	전자정보디바이스산업원천기술개발 (내역: 반도체)	'09년 ~ '21년	중장기적으로 상용화가 기대되는 신개념 소자·재료·공정 분야의 원천기술 개발	11,529	8,199
과기정통부	나노·소재기술개발 (내역: 시스템반도체연계지원 나노팹고도화)	'10년 ~ (계속)	일괄공정 등 나노팹 시설고도화 및 나노팹을 활용한 기술사업화·인력 양성·공정기술표준화 등 지원	26,320	20,060
산업부	전자부품산업기술개발 (내역:차세대시스템반도체 설계·소자·공정기술개발)	'20년 ~ '23년	반도체 미세화, 적층화에 필요한 단위공정 및 반도체 특성 향상을 위한 공정재료, 제조장비, 부품 성능 향상을 위한 기초·응용 연구 지원	2,300	3,000
산업부	전자부품산업기술개발 (내역: 차세대반도체기술개발)	'19년 ~ '21년	차세대 반도체 설계 핵심기술 개발 및 상용화, 차세대 반도체 제조 기반기술 개발	9,650	8,650

출처 : 반도체 패키징 분야 중점 사업_전북테크노파크

04

신소재공학 계약학과

구분	학교명
고등학교	경기기계공고 신소재과(서울 노원구)
	경북공고 신소재섬유화학과(대구 중구)
	대구과학기술고 소재설계가공과(대구 서구)
	포항제철공고 재료기술과(포항 남구)
전문대학	강릉영동대 에너지신소재과(강원도 강릉시)
	포항대 신소재배터리과(포항시 북구)
	인하공전 금속재료과(인천 남구)
	한국폴리텍대 인천캠퍼스 신소재응용과
	한국폴리텍대 광주캠퍼스 신소재응용과
	한국폴리텍대 대구캠퍼스 신소재응용과
	한국폴리텍대 창원캠퍼스 신소재응용과
	한국폴리텍대 울산캠퍼스 신소재응용과
	한국폴리텍대 성남캠퍼스 반도체소재응용과
대학교	경희대 정보전자신소재공학과
	광운대 전자재료공학과
	세종대 나노신소재공학과
	숭실대 유기신소재.파이버공학과
	중앙대 첨단재료공학과
	한양대 에리카 재료화학공학과과

신소재의 경우는 다양한 원료를 새로운 제조기술로 제조하여 기존에 없던 새로운 성능·용도를 가지게 된 소재를 개발·연구하는 분야입니다. 따라서 많은 인력이 필요하고 다양한 곳에 취업도 가능해요.

대구과학기술고 소재설계가공과(Department of Metalluargy)는 각종 금속재료에 대한 이해를 바탕으로 3D 프린팅 및 디자인, 용접(전기·특수·로봇), 금속재료 및 열처리 등의 실무 교육을 하고 있습니다. 또한 3D 프린팅 운영전문가 및 개발자, 용접원, 품질검사원 등 소재 개발 분야 및 제품 품질 검사 분야의 기술인을 양성해요. 또한 전문 동아리 소재가공반이 있어 고등학교에서 다양한 체험을 할 수 있답니다.

포항제철공고 재료기술과의 경우는 POSCO일관제철소 철강 생산 공정 및 전기로에 대한 지식과 기능을 습득한 이후 철강 재료를 이용한 주조 공정, 표면처리 공정, 소성 가공 공정 등에 대한 기술을 체계적으로 향상시키고 있습니다.

교육을 통해 고부가가치의 고급강 제품 생산 및 철강생산 설비와 공정 개선에 기여할 철강 생산 기술 영마이스터를 양성하고 있지요. 영마이스터가 되기 위해서는 융·복합 자격증 및 봉사활동이 필수이며 독서나 영어능력까지 인증을 받아야 인증서를 받을 수 있다는 것도 확인해야 해요.

05

신소재학과 교육 과정

① 인하공전 금속재료과

구분	1-1	1-2	2-1	2-2
재료 시험	금속조직학 철강재료학 일반금속공학개론 주조공학 기초재료시험실무	조직평가 상변태 Auto CAD	비철금속재료학 금속강도학	비파괴시험 금속소성가공학 응용재료시험실무
열처리	금속조직학 철강재료학 일반금속공학개론 기초재료시험실무	조직평가 상변태 금속열역학 열처리실무		
주조	금속조직학 주조공학 철강재료학 기초재료시험실무 CATIA실습	조직평가 상변태 Auto CAD 주조실무	비철금속재료학 품질관리 주조설계실무	금속공학시뮬레이션 캠스톤디자인
열간 압연	일반금속공학개론 금속조직학 기초재료시험실무	조직평가 상변태 조직평가 상변태	비철금속재료학 금속강도학 소성가공실무	금속소성가공학
피복 아크 용접	일반금속공학개론 표면공학	조직평가 상변태 용접실무	품질관리	
도금	표면공학		표면처리실무	박막공학실무
기타		반도체제조공정	제선제강공학 품질관리	전자재료 부식과 방식

인하공전 금속재료과는 금속소재의 신뢰성 평가기술 습득을 위한 미세조직 분석, 기계적 특성 기술 교육과 반도체 공정, 전자재료 등의 첨단전자소재 전공 기초 역량 강화에 초점을 맞추고 있습니다. 그리고 2015년 전부터 학생들의 학습효율을 향상시키기 위해 온라인 콘텐츠를 개발, 수업에 적극 활용했습니다. 코로나19로 원격수업에 대한 수요가 증가한 현재 효과를 보고 있고 향후 학생들의 교육환경과 학습효율을 고려해 비대면 교육 기반 영상 콘텐츠 활용범위를 점차 확대한다는 계획을 가지고 있지요.

포스코, 현대제철, 동국제강 등 철강소재 분야 기업뿐만 아니라 SK하이닉스, LG디스플레이 등 반도체·디스플레이 분야 기업, 현대오일뱅크, SK인천석유화학, GS칼텍스 등 석유화학 분야 기업 등으로 진출하고 있답니다. 이외에도 지역의 이점을 살려 인천지역 소재 전문 중견·중소기업 등 다양한 분야로의 진출이 가능해요.

현재 뿌리기술 인력양성반을 개설하고 박막공정 실습 교육 등을 운영하고 있어요. 뿌리기술은 자동차 산업뿐 아니라 IT, 반도체, 디스플레이 산업에 적극적으로 활용되고 있고, IoT 기술이 적용된 스마트 공장이나 무인 드론 제조를 위한 경량 신소재 개발 등에 활용되고 있답니다.

전공동아리 운영으로 전공 이해도를 높여 진로로 연결하는 고리도 만들고 있지요. '쇠부리'는 금속재료 직무, 'CAST'는 주조 직무, 'TED'는 표면처리 직무 등 3개의 전공동아리를 운영하고 있어요. 세 전공동아리는 매년 전국 단위 열처리, 용접, 주조 및 표면처리 기술 경기대회에 출전합니다. 이 과정에서 전공과 관련된 실기 연습을 진행하기 때문에 취업 전 많은 경험을 할 수 있습니다.

② 한국폴리텍대 울산캠퍼스 신소재응용과

1학년		2학년		취업 분야
1학기	2학기	1학기	2학기	
직업과경력개발	스포츠리더십	봉사활동		인성·교양
영 어	발명과창업			
참인폴리텍생활과비전				
인공지능개론		융합프로젝트실습1	융합프로젝트실습2	융합능력
블록코딩을활용한 AI기초		현장실습1	현장실습2	
		전공영어	정보처리실습	
철강재료학	재료조직학	제철제강	철강공정실습	금속재료분야 (철강,자동차,조선)
열처리공학	재료조직평가실습	비철재료학	디지털사진처리실습	
열처리실습	특수열처리공학	소재가공학	압연공정실습	
	특수열처리실습	재료특성평가실습	합금설계실습	
도면해독실습	신소재공학	재료화학	소재분석실습	에너지·2차전지 ·석유화학 분야
	기초화학	재료설계실습		
		전자현미경실습		
재료시험법	재료시험실습	CAD실습		품질관리 분야
비파괴검사법	비파괴검사실습			

■ 교양 필수   ■ 교양 선택   ■ 전공 선택   ■ 전공 필수

한국폴리텍대 울산캠퍼스 신소재응용과는 울산에 기강산업을 두고 있는 석유화학, 자동차, 철강산업, 조선해양 등에 사용되는 소재·부품 분야에 대한 지식과 활용법을 배우고 있어요. 이런 지식을 기반으로 생산, 공정, 품질관리 능력을 갖춘 최고의 엔지니어를 양성하고 있답니다.

자동차·철강·조선 분야에 관련된 금속재료산업기사, 재료조직평가산업기사, 기계정비산업기사, 철강기능사 등을 취득할 수 있으며, POSCO, 현대제철, 삼성 SDI, SK하이닉스, LG이노텍 등에 취업을 하고 있답니다.

③ 한국폴리텍대 성남캠퍼스 반도체소재응용과

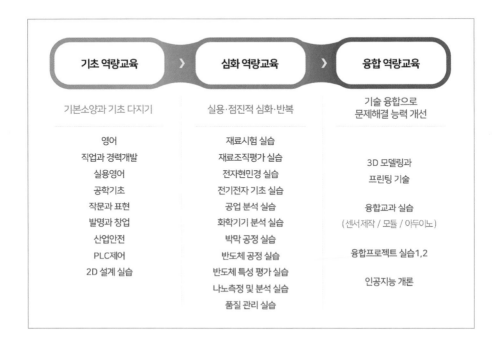

한국폴리텍대 성남캠퍼스 반도체소재응용과는 국제 반도체기업의 60% 이상이 경기도에 소재하는 지역적인 특성과 삼성이나 SK하이닉스 반도체 라인의 추가 증설로 반도체산업인력 수요가 증가할 것입니다.

이에 반도체 러닝팩토리를 구축하여 기본소재부터 반도체소자 공정, 품질관리 등의 반도체기술과 학과 간의 경계를 뛰어넘는 융합실습공간으로 구성했어요. 또한 스마트 팩토리의 중요한 기술인 3가지 형태의 자동화 로봇을 공정별로 적용함으로써 장비 관련 진단기술과 가상현실 경험, 실제 실습을 겸비해 산업현장을 재현하고 있답니다.

2021년부터는 학위과정뿐만 아니라 대졸 미취업자를 위한 하이테크과정도 운영하여 청년 실업난 해소를 한다고 해요. 그리고 중·고등학생들에게 다양한 진로 체험장의 역할과 청년 창업 아이템 제작 공간으로도 활용한다고 하니 적극적으로 프로그램을 활용하는 것도 좋습니다.

이처럼 반도체 전문가를 키우기 위한 학교의 다양한 노력들이 반도체 관련 기업들에 높은 취업률을 보이고 있습니다.

06

신소재공학과를 위한
과목 선택

2022 개정교육과정에서는 융합선택과목과 진로선택과목으로 세분화되어 자신이 전공하고자 하는 분야에 대해 깊이 배울 수 있도록 선택과목의 폭을 넓혔습니다.

교과	선택과목		
	일반선택	융합선택	진로선택
국어	화법과 언어 독서와 작문 문학	독서 토론과 글쓰기 매체 의사소통	주제탐구 독서 문학과 영상
수학	대수 미적분I 확률과 통계	실용통계 수학과제 탐구	미적분II 기하 인공지능 수학 심화수학I, II 고급수학I, II
영어	영어I 영어II 영어독해와 작문	실생활 영어회화 미디어 영어	영어 발표와 토론 심화영어 심화영어 독해와 작문
사회	사회와 문화 현대사회와 윤리	역사로 탐구하는 현대세계 사회문제 탐구 윤리문제 탐구	도시의 미래 탐구 법과 사회 윤리와 사상 인문학과 윤리

			역학과 에너지
과학	물리학 화학 생명과학 지구과학	과학의 역사와 문화 기후변화와 환경생태 융합과학 탐구 물리학실험 화학실험	전자기와 빛 물질과 에너지 화학반응의 세계 지구시스템과학 행성우주과학 과학과제 연구
교양	논리학 진로와 직업 논술		지식재산 일반

　신소재공학과를 다니는 친구들의 대학교재를 보면 영어인지, 수학인지 모르겠다는 농담을 하기도 해요. 신소재공학뿐만 아니라 공대를 다니는 학생들은 거의 다 비슷하게 생각할 것 같아요. 그런 역량들이 하루아침에 키워지지 않기 때문에 고등학교 때부터 하나씩 경험하면서 진로를 구체화하는 것을 추천합니다.

　공대 수학의 중요성은 앞서 소개했던 반도체공학이나 전자공학을 참고하면 좋을 것 같아요.

　신소재 공학에서는 생활 속에서 쓰이는 다양한 재료들을 특성에 따라 분류하고, 그 특성의 원인을 눈에 보이지 않는 미세단위인 원자, 분자크기까지의 구조나 단면 등을 확인하기에 이를 확인할 수 있는 고급 장비들을 알고 활용할 수 있는 능력도 키우면 좋아요. 그리고 그 재료들의 장·단점을 파악하여 단점을 보완할 수 있는 재료나 결합구조를 아는 것이 매우 중요해요. 여기에 물리적인 방법으로 합금의 형태로 섞는 과정이나 원자의 배열이나 증착 접합방식 등을 활용하여 새로운 신소재를 만들어내는 화학적인 방법 등이 있어요. 그래서 기본적으로 물리나 화학에 관한 지식을 가지고 있어야 해요. 여기에 열역학, 유체역학, 재료물리학, 기능성고분자 등을 학습하기에 학교에서 개설된 물리와 화학 수업만 이수하는 것이 아니라 진로선택과목이나 융합선택과목을 추가적으로 선택하여 이수해야 학과 수업을 잘 따라갈 수 있어요.

☑ 공대에서는 실험을 정말 많이 하나요?

네, 많이 합니다. 추가적으로 깊이 있는 연구를 하기 위해 교수 연구실에 들어가서 실험하는 경우도 있어요. 고등학교 때 물리학 실험이나 화학실험, 과학과제 연구를 통해 실험을 접해 볼 수 있어요. 사실 고등학교 때 실험을 한 번도 접해보지 않은 학생들이 공대나 자연과학대를 진학하는 경우가 많아요. 하지만 그 친구들이 대학을 가서 실험계획보고서, 실험결과보고서, 실험 오차의 원인을 분석해 성공적인 실험을 위해 수십에서 수백 번의 반복적인 실험을 해야 하는데 이를 이겨내지 못하고 중도 포기하는 친구들이 있어요.

따라서 고등과정을 배우는 학생들에게는 수준이 낮다고 생각할 수 있는 실험이라도 변인을 변화하여 실험하면서 어떤 차이가 있는지 탐구하는 경험을 쌓는 것이 좋아요. 그런 다음 최근 새롭게 나온 이론과 그 전에 나온 이론과의 어떤 차이점이 있는지 조사 탐구하는 활동을 한다면 대학에서 좋은 평가를 받을 수 있을 것입니다.

신소재공학과는 다른 전공에 비해 실험시간도 오래 걸리고 하나의 재료가 나오기까지의 좋은 아이디어와 그것을 구현하기 위한 수천 번의 시행착오를 거듭하여 만들어지게 됩니다. 따라서 인내심은 꼭 필요해요. 클릭 한두 번 해서 나오는 실험은 결코 없다는 것을 알고 있어야 해요! 그래서 미리 고등학교 때 실험을 할 수 있는 과목들을 선택하여 경험해보고 자신이 하고 싶은 실험까지 설계할 수 있으면 추후에 신소재 연구로 노벨상을 노려도 되지 않을까요?

이외에도 독서 토론과 글쓰기나 매체 의사소통, 주제탐구 독서, 문학과 영상 등 과목을 통해 창의력과 아이디어를 키우는 것도 추천합니다. 또한 틈틈이 인문학 책을 읽고 자신만의 공학 철학을 쌓아보는 것도 좋을 것 같아요. 아마 우리가 생각하는 공학인들의 딱딱한 이미지보다는 좀 더 유연한 생각을 가질 수 있을 겁니다.

07

신소재공학 관련
재미있는 탐구활동

① 홍합을 이용한 접착제 탐구

홍합은 바닷물이 세게 치는 곳에서도 바위에 붙어 떨어지지 않을 정도로 강하게 붙어 있습니다. 이를 이용하여 피부가 찢어졌을 때 바늘로 꿰매지 않고 찢어진 부위를 수중 접착제로 붙이는 의료용 접착제로 활용된다는 기사를 보고 이에 대해 자세히 알아보고자 탐구해 볼 수 있습니다.

→ **홍합 접착물질을 이용하는 방법과 홍합으로부터 추출한 물질을 활용하여 비교, 탐구하기**

기사명		관련 영역	
주제명			
읽게 된 동기			
탐구 내용			
느낀 점			
추후 심화 활동			
학생부 브랜딩			

② 연잎을 이용한 코팅제 용기 탐구

연잎은 빗물이 흡수되지 않으면서 물방울이 방울방울 흘러내립니다. 이를 통해 용기 속에 남은 마지막 한 방울까지 사용할 수 있도록 하여, 비용도 아끼고 재활용도 높이는 방법에 대해 탐구해 볼 수 있습니다.

→ 나노코팅제를 활용하여 그 효능 탐구하기

기사명		관련 영역	
주제명			
읽게 된 동기			
탐구 내용			
느낀 점			
추후 심화 활동			
학생부 브랜딩			

③ 유연한 압전소자를 활용한 전기 생산 탐구

납이 포함되지 않은 티탄산바륨($BaTiO_3$, BTO) 분말을 활용하여 압전소자를 만들어 압력에 따른 전기 생산량을 비교해 보고, 이를 활용하여 신발 깔창 밑에 설치하여 생산된 전기를 알아보는 탐구를 해 볼 수 있습니다.

→ **티탄산바륨을 활용한 압전소자를 제작하고 전기 생산량, 유연성을 비교해 보는 탐구하기**

기사명		관련 영역	
주제명			
읽게 된 동기			
탐구 내용			
느낀 점			
추후 심화 활동			
학생부 브랜딩			

조기취업형
계약학과 선도대학

01

조기취업형 계약학과

조기취업형 계약학과는 대학과 기업이 계약을 통해 현장실무역량을 갖춘 인력을 양성해요. 기업에서 필요한 인력을 양성하기 위해 교육비의 일부를 기업에서 부담하고, 대학은 기업의 수요에 맞추어 교육과정을 개발 및 운영하여 기업에 인재를 공급해요. 조기취업형 계약학과는 입학과 동시에 취업이 확정되어 2학년 때부터 직장인으로 일과 학업을 병행하며, 학사학위를 3년 만에 취득할 수 있습니다.

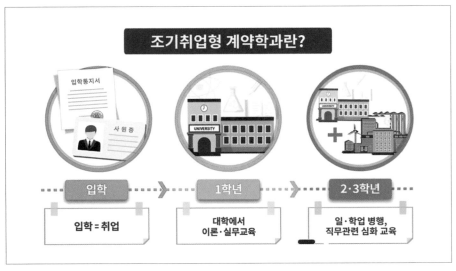

출처 : 조기취업형 계약학과 선도대학 종합포털

조기취업형 계약학과 운영 대학 알아보기

2018년부터 시작되어 현재 8개 대학 28개 학과가 참여하고 있습니다. 참여대학별 3~4개의 조기취업형 계약학과를 운영하고 있으며, 4차 산업혁명에 맞추어진 학과들로 구성되어 있습니다.

출처 : 조기취업형 계약학과 선도대학 종합포털

지역	대학	학과
경기	가천대	첨단의료기기학과 게임영상학과 디스플레이학과 미래자동차학과
	한국산업기술대	ICT융합공학과 융합소재공학과 창의디자인학과

경기	한양대 에리카	소재부품융합전공 로봇융합전공 스마트ICT융합전공 건축IT융합전공
충남	순천향대	스마트모빌리티공학과 스마트팩토리공학과 융합바이오화학공학과
전남	국립목포대	첨단운송기계시스템학과 스마트에너지시스템학과 소프트웨어학과 스마트비즈니스학과
	전남대	기계IT융합공학과 스마트융합공정공학과 스마트전기제어공학과
부산	동의대	스마트호스피탈리티학과 미래형자동차학과 소프트웨어융합학과
경북	경일대	스마트팩토리융합학과 스마트전력인프라학과 스마트푸드테크학과 스마트경영공학과

조기취업형 계약학과의 이점

① 배운 내용을 업무에 적용해 실력향상 및 좋은 이미지 전달

학교와 회사를 병행하기 때문에 학교에서 배운 내용을 더 자세히 찾아보고 공부하면서 그것을 곧바로 업무에 적용하기에 업무 적응 능력과 실력을 더욱 향상 시킬 수 있습니다. 회사에서 업무 경력이 있는 선배들의 도움을 톡톡히 받는 것이 이점이 됩니다. 열정적인 자세로 개발자의 지식을 얻겠다는 마음가짐으로 질문하면 더 많은 지식을 얻을 수 있고, 하고자 하는 열정이 좋은 인상을 심어주어 현장 체험한 기업에서 취업으로 연결도 가능합니다. 또한, 실력을 쌓아 경력 직으로 이직하는 데에도 많은 이점이 있습니다.

② 배운 것을 백 퍼센트 활용하는 기쁨

꾸준히 공부하고 일하며 열심히 한 결과, 더 다양한 프로젝트를 맡을 수 있어요. 학교에서 배운 지식을 바탕으로 프로젝트를 진행하니 공부한 내용을 100% 활용하기에 더 높은 성과로 이어집니다. 실제 프로젝트를 성공적으로 마치면서 쌓은 지식은 실전에서 바로 활용할 수 있는 능력이 되어 자신감을 가지고 현장에 임할 수 있습니다.

③ 일하면서 찾은 나의 숨은 능력

일하면서 가장 중요한 부분 중 하나는 업무가 적성에 맞아야 하는 겁니다. 적성에 맞으면 그만큼 시간을 절약할 수 있으며, 능력을 더욱 발전시키기 위해 다양한 나노학위과정을 이수하여 실력을 쌓을 수도 있습니다. 이런 능력에 소비자가 요구하는 부분이 무엇인지 파악하고 이를 개발하는 능력까지 갖출 수 있고, 자연스럽게 고객사와 개발자 간의 의사소통 능력과 조율하는 능력까지 익힐 수 있답니다.

④ 하나씩 채워지는 포트폴리오

학교에서는 다양한 분야를 배우고 실무에서는 회사에 맞춰진 또 다른 결과물을 만들어내면서 자신감이 생깁니다. 하나하나 채워지는 포트폴리오를 보면서 내가 계속 발전하고 있다고 느낄 수 있죠. 본인이 직접 만든 광고를 통해 홈페이지 유입률이 높아지고, 직접 그린 그림을 웹툰 형식으로 만들면서 디자인에서 3D 애니메이션까지 폭넓게 지식을 익힐 수 있어요. 디자인 분야 외에도 여러 가지 공학을 융합시킨 지식이나 4차 산업 혁명 등 새로운 시대의 기술을 디자인에 적용하면서 다양한 결과물을 만들어내게 됩니다.

02

반도체학·디스플레이학과

입학과 취업을 위한 창의적 실무인재를 양성하기 위해 3년 6학기제로 운영되어 학사학위를 취득할 수 있어요.

구분	이수 학점
교양	일반교양(16학점)
	SW기초(계열교양, 14학점)
전공	전공기초(18학점)
	전공심화(36학점)
	창의융합교육(30학점)
	기업 R&D 프로젝트(6학점)

교양·전공 이수 학점

60 학점	33 학점	27 학점
1학년	2학년	3학년

졸업학점 120 학점

출처 : 가천대학교 조기취업형 계약학과

1학년	2학년	3학년
프로그래밍 기초1,2 파이썬 응용 프로그래밍 응용1,2 반도체 화학 대학 수학 디스플레이 공학개론 공학수학 반도체 물리 반도체 공학개론 반도체 디스플레이 산업기술이해 반도체 디스플레이 기술 세미나 재료공학 기초설계	CAD기초 실습 CAD심화 실습 재료공학 반도체 소자공학 반도체 제조공정설비 현대물리 전자회로 디스플레이 소자공학 디스플레이 제조정설비 자동제어실습 회로 설계실습	반도체 소자공학 반도체디스플레이 신기술 기계공학 회로설계실습 반도체디스플레이 시스템 실습 광학 설계실습 Machine Learning OS 실습 기업 기술 프로젝트

〈반도체공학과와 제휴된 기업〉

기업	특징
피티에스	주요생산품 : 연성 및 기타 인쇄회로기판 제조업 직무 : 인쇄회로기판 제조 및 품질관리
유니젯	주요생산품 : 디스플레이 제조용 기계 제조업 직무 : 기계 제조 및 품질관리
인포비온	주요생산품 : 전자 응용 절삭기계 제조업 직무 : 기계 제조 및 품질관리
광우	주요생산품 : 전시 및 광고용 조명장치 제조업 직무 : 디스플레이 제조 및 품질관리
엔 스펙트라	주요생산품 : 전기·전자공학 연구 개발업 직무 : 인쇄회로기판 제조 및 품질관리
제너코트	주요생산품 : 반도체 표면처리업, 박막증착 제조/화학산업용기계장비 도소매 직무 : 표면 처리 및 박막 제조, 품질관리

※ 약간 변동이 있을 수 있으며 자세한 내용은 학교 홈페이지에서 확인하시기 바랍니다.